KB187281

말하기의 기본은
90프로가 심리학이다

말하기의 기본은
90프로가 심리학이다

51명의 심리학자에게 배우는 대화법의 기본기 수업

나이토 요시히토 지음 | 이종렬 옮김

●
●
●

"나는 누구 앞에서도 당당하게 내 주장을 펼칠 수 있어."

"난 어떤 고객을 만나도 그 사람의 마음을 움직일 수 있어."

"난 아무리 많은 사람들 앞에서도 긴장하지 않고 연설을 할 수 있어."

이처럼 자기의 말솜씨에 대해 자신을 가진 사람은 흔치 않다. 그런 사람은 10만 명에 한 명꼴 정도로 극히 드물다. 자신감을 갖고 능숙하게 말을 한다는 것은 보통 사람에게는 어렵고 까다로운 일이기 때문이다.

자기 자식에게 말로써 제대로 가르침을 줄 수 있는 부모가 얼마나 될까? 학생들에게 감동을 주고 깊은 여운을 줄 수 있는 교사는 얼마나 될까? 부하직원이 눈물을 흘리면서 감동할 정도로 설득력 있는 말을 할 수 있는 상사는 얼마나 될까? 주변을 둘러보아도 좀처럼 찾기 힘들다.

왜 많은 사람들은 말하는 법에 서툴고, 사람들 앞에서 말하는 것을 어려워할까? 그 이유는 한마디로 말하는 법을 제대로 배우지 않았기 때문이다. 연설도 훈련을 하면 점차 두려움이 없어지고 기교도 늘어난다(물론 말하는 데 기교가 전부는 아니다). 하지만 대부분의 사람들은 이를 배우지도 않고, 훈련도 하지 않기 때문에 서툴 수밖에 없는 것이다. 말하는 법도 배우고 익히는 공부의 대상이다. 그 점을 받아들이는 것이 중요하다. 말 잘하는 사람과 말 못하는 사람이 타고날 때부터 정해지는 것은 아니다(물론 타고난 재능을 무시할 수 없지만 그 차이가 그렇게 크지도 않을 뿐더러, 극복될 수 없는 것도 아니다).

"나는 말재주가 전혀 없어."라고 푸념하는 이들이 있다. 하지만 그건 핑계이거나 체념에 불과하다. 기본 지식을 배우고 훈련을 거듭하면 누구라도 말하는 힘을 키울 수 있다. 이 책은 바로 그런 목적으로 쓰여졌다.

처음부터 자동차 운전을 할 수 있는 사람이 어디 있는가. 핸들 한번 잡아보지 않은 사람도 교습소에서 몇 차례에 걸쳐 하나씩 기술을 익히고 연습 주행을 하다 보면 면허증을 따게 되지 않는가. 처음에는 "운전에 소질이 없어.", "핸들만 잡으면 겁이 나."라며 꽁무니를 빼던 사람도 거듭 연습하다 보면 어느새 운전석에서 편안해진 모습을 보인다. 말하기도 마찬가지이다.

이 책을 열심히 읽고, 이 책에서 제시한 구체적인 방법과 요령에 따라 연습하다 보면 오래지 않아 사람들의 마음을 움직일 수 있는 말하는 법을 체득하리라고 자신한다. 이 책을 통해 당신이 말하기에 자신감을 갖고, 누구 앞에서도 당당하게 자기 의견을 말할 수 있게 되기를 빈다.

STEP 5

상대방의 마음을 읽자

상대의 심리를 이용하는 리액션의 법칙

STEP 6

소통으로 영향력을 발휘하라

영향력을 높이는 상호작용의 법칙

자신을
믿어라

말하기에 대한 두려움을 없애주는 심리 법칙

셰리 홀러데이Sherry J. Holladay, 미국 이스턴 일리노이 대학 교수

"Have Fun While You Can", "You're Only as Old as You Feel"
and "Don't Ever Get Old!":
An Examination of Memorable Messages About Aging

말과 마음의 법칙 01

오래 기억되는 메시지의 특징

누군가에게 '오래 기억되는 메시지'를 전하는 것이 중요하다. 왜냐하면 이것이 상대의 인식과 행동에 영향을 미치기 때문이다. 이번 연구에서는 기억할 만한 메시지의 내용과 맥락, 메시지의 문법 구조를 염두에 두며 그것이 상대에게 어떤 영향을 주는지를 살펴보았다. 실험에서 메시지를 주고받는 사람은 가족의 구성원들이다. 발신자는 수신자에 비해 연장자이고, 여성이다. 또한 메시지 내용은 일부러 문법이 조금 틀린 문장으로 구성했다. 이 메시지에는 나이 드는 것은 자연적이고 불가피한 일이기에 인생을 즐겨야 한다는 내용이 담겨 있다. 그 결과 메시지 수신자들은 나이 드는 것을 이전보다 긍정적으로 바라보고, 인생을 즐겨야겠다고 결심하게 되었다. **이때 메시지가 문법적으로 틀렸다는 사실은 아무런 걸림돌이 되지 않았고, 오히려 더 친근감을 주며 유리하게 작용했다.**

<커뮤니케이션 저널 *Journal of Communication*> (2002) 중에서

문법에 맞지 않아도
괜찮다

설득의 기술을 다룬 책들을 보면 "예의 바르고 공손하게 말하라"든가 "문법에 맞는 표현을 쓰라" 등의 조언을 한다. 마치 그렇게 말하지 않으면 상대를 전혀 설득할 수 없을 것처럼 말이다.

그러나 실제로 설득력이 뛰어난 사람들이 그런 세세한 규칙을 따르면서 말을 할까? 결코 그렇지 않다. 문법에 좀 어긋나거나 단어 사용이 좀 이상해도 설득에는 크게 영향을 미치지 않는다.

미국 이스턴 일리노이 대학의 셰리 홀러데이Sherry J. Holladay 교수가 실시한 실험에 따르면, 논리적으로 엄격한 메시지는 33.7%의 사람들에게만 설득력을 가진 반면, 논리적으로 허점이 있는 메시지는 66.3%의 사람들에게 설득력을 가진 것으로 조사됐다고 한다.

문법이나 어법이 좀 틀리는 편이 오히려 사람들의 마음에 잔상을 남기기 쉽다는 것을 알 수 있다.

예를 들어 부하직원이 회사의 경비를 가지고 사적으로 식사를 했을 때, "다시는 그렇게 하지 마."라면서 문법에 맞게 질책을 하는 것보다는 "하지 마, 그런 짓. 두 번 다시."라며 어법을 망가뜨리면서 말하는 쪽이 더 오래 기억에 남는다. 문법에 맞는 표현은 아름답고 세련될지는 몰라도 설득 효과라는 면에서는 훨씬 떨어진다. 문법이 정확한 표현은 머리와 이성이 중심이 되기 때문에 사람의 마음을 움직이는 데는 약하다. 표현이 어눌하고 앞뒤가 딱 맞아떨어지지 않더라도 마음을 담아 진심으로 말하는 편이 효과적이다.

아직 말을 제대로 익히지 못한 어린아이나 외국인들이 어색하게 말을 한다고 해서 그들이 말하는 것을 무시하거나, 그들이 말하고자 하는 바를 이해하지 않으려고 하는 사람은 거의 없다. 진심이 담겨 있다면 문법이나 논리 따위는 아무래도 좋은 것이다.

존칭이나 경어도 마찬가지이다. 존경하는 사람이나 어른들에게 경어 표현을 사용하는 것은 당연하지만, 거기에 지나치게 매이다 보면 말이 형식적으로 흐르게 되고 따라서 진실된 마음의 교류가 사라지기 쉽다.

간혹 존칭이나 경어를 제대로 사용하지 않거나 빼먹는다고 힐책하는 사람이 있지만, 말하는 사람의 진심은 무시한 채 경어 사용 자체만 문제 삼는다면 속이 좁은 사람이라고 할 수 있다. 그런 사람은 어쩔 수 없다. 그건 당신의 책임이 아니니 신경 쓰지 않아도 된다.

말할 때 문법이나 논리의 정확성에 매달리다 보면 말하는 것 자체가 고통스러운 일이 돼버리기 쉽다. 외국인과 대화할 때 문법에 너무 신경 쓰다 보면 대화가 잘 풀리지 않는 것도 같은 이치다.

조금 어색한 표현이나 문법에 어긋나는 말을 하더라도 거기에 너무 집착하지 말라. 누구에게나 당당하게 말을 걸 수 있는 태도를 갖는 것이 무엇보다 중요하다.

말이 서툴러도
신경 쓰지 마라

"저는 사람들 앞에 서면 떨리고 긴장이 돼서 한마디도 못하겠어요."

"저는 이야기를 조리있게 잘 못하겠어요."

"저는 부하 직원에게 설명을 잘 못해요."

이러한 고민을 털어놓는 사람들이 상당히 많다. 그러나 말하는 법이 서툴러도 거기에 매여 지나치게 고민할 필요는 없다.

말하는 법으로 승부를 낼 수 없다면 말하는 법 이외의 것을 열심히 하면 되기 때문이다. 사람에 대한 평가나 평판, 인상은 그 사람의 말하는 능력과는 크게 상관이 없다.

이렇게 말하면 '말하는 법'을 가르쳐 준다는 이 책의 취지와 어긋나지 않느냐고 할지도 모르겠지만, 말하는 법은 어디까지나 사람을 평가하는 항목 중 하나에 불과하다고 봐야 한다.

'일본 의회 정치의 아버지'라고 불리는 오자키 유키오尾崎行雄, 1858~1954가 어느 날 청중들 앞에서 연설을 하게 되었다. 그런데 엄청나게 많이 몰린 사람들 앞에 서니 너무 긴장한 나머지 입이 떨어지지 않았다. 한참 동안 침묵이 흘렀다. 그러나 아무리 해도 되지 않았던지 오자키 유키오는 더 이상 참지 못하고 자리에서 물러나 버렸다.

그러자 청중들 사이에서 이런 말이 흘러나왔다. "역시 오자키 유키오는 멋져! 겁 많은 강아지일수록 잘 짖어댄다고 하잖아. 과연 뭔가 달라도 달라. 그의 침묵 속에는 우리처럼 평범한 사람이 알 수 없는 심오한 것이 숨어 있음에 틀림없어." 이처럼 강연장 안은 청중들이 멋대로 해석한 말들이 떠돌았다.

이 일화에서 알 수 있듯 평소에 호감과 좋은 평판을 얻고 있으면 무슨 말을 하더라도 상대는 감동하거나 귀담아 들으려고 애쓴다. 말을 잘하느냐 못하느냐는 것이 상대가 자기 뜻대로 움직여주느냐 아니냐를 결정하는 요인은 아니다. 중요한 것은 자신에 대한 사람들의 평가이다. 그 평가라는 것은 첫인상, 옷차림, 여태까지의 실적에 의해서도 영향을 받는다.

당신이 말하는 대로 사람들이 따라주느냐 아니냐는 '말하는 법'

이라는 하나의 측면에 의해서만 결정되는 것이 아니라, '자기 자신'을 둘러싼 모든 면에서의 총합에 의해 결정된다는 점을 잊지 말기 바란다.

린 노블로흐 *Leanne K. Knobloch*, 미국 일리노이 대학 교수

Topic Avoidance in Developing Romantic Relationships:
Associations with Intimacy and Relational Uncertainty

말과 마음의 법칙 02

친밀도와 기피하는 화제의 수
그리고 관계의 불확실성

상대가 난처해하거나 곤란해질 수 있는 이야기는 화제에 올리지 않는 것이 좋다고들 한다. 그런데 과연 화제를 기피하는 것은 관계를 얼마나 진전시킬 수 있을까? 이를 알아보기 위해 우리는 216명의 남녀 커플을 대상으로 실험을 했다.

그 결과 친밀함과 기피하는 화제의 수 사이에는 볼록곡선(아래로 볼록한 곡선)의 상관관계가 있다는 것을 알 수 있었다. **즉 친밀도가 아주 낮거나 아주 높을 때 기피하는 화제가 많았고, 친밀도가 중간 단계일 때 기피하는 화제가 가장 적었다. 또한 기피하는 화제가 많을수록 관계는 불확실해지는 것으로 드러났다.**

<커뮤니케이션 연구 *Communication Research*> (2004) 중에서

어떤 주제도
피하지 말라

어떤 책에서는 대화를 할 때 피해야 하는 특정 주제가 있다고 말한다. 그 특정 주제는 정치, 종교, 연애, 인종, 수입 등에 관한 것이었다. 그러나 이것은 잘못된 주장이다. 대화를 나누는 데 적절하지 않은 주제란 없다.

상대에게 묻고 싶은 것이 있다면 거리끼지 말고 질문해도 상관없다고 생각한다. 절대로 해서는 안 되는 질문이나 주제란 없다.

"여성에게 나이를 묻는 것은 기본적인 매너에 어긋나는 것이다."라고 흔히 말하지만 나는 개의치 않고 직접 물어본다. 알고 싶으면 그 상황과 그 시점에서 물어봐야 한다고 생각하기 때문이다.

"ㅇㅇ씨, 저와 그다지 나이 차가 나지 않는 것 같은데요. 저는 서른다섯 살인데, ㅇㅇ씨는 어떻게 되십니까?"라고 자연스럽게 질문하는 것이다. 만약 상대가 같은 또래라고 답하면 공감할 수 있는 경험들, 예를 들면 어릴 때 인기 있었던 만화영화나 드라마, 아이돌 가수 등을 주제로 이야기하면 되는 것이다. 그렇게 되면 화제도 아주 풍부해진다.

내 개인적으로 정치 이야기는 가능하면 피하고 싶은 주제이긴 하지만 그렇다고 절대 정치 이야기를 못 할 이유는 없다. 각자가 자신의 정치관이나 종교관을 이야기하면 더 진솔해지지 않을까? 많은 사람들이 "이런 주제는 안 돼. 저런 주제도 안 돼." 하면서 제약을 두기 때문에 화제의 폭이 좁아지는 것이다.

미국 일리노이 대학의 린 노블로흐Leanne K. Knobloch 교수는 기피하는 화제가 많을수록 상대와의 관계가 깊어지기 어렵다고 말했다. '이런 주제는 피해야 해.'라고 신경 쓰면 쓸수록 오히려 관계 맺기에 독이 되는 것이다.

화제를 선택하는 데 너무 까다롭게 굴지 않기를 바란다. 지나치게 신경을 쓰면 하고 싶은 말을 자유롭게 하지 못하고 결국 대화는 답답해지기 마련이다.

"그런데 자칫하면 상대가 숨기고 싶어 하는 지뢰를 제가 밟는 꼴이 되지 않을까요?"라고 걱정하는 사람이 있을지도 모르겠다. 그러나 설사 지뢰를 밟는 것 같은 화제를 꺼낸다고 해도 뭐가 문제가 되겠는가. 그 화제에 대해 상대가 기분 나빠하면 솔직하게 사과하면 되지 않는가. "미안합니다. 너무 예민한 질문을 드리고 말았습니다."라고 고개를 숙이면 된다. 그것으로 끝이다. 무엇이 문제인가.

오히려 어떤 화제를 꺼내야 좋은지 지나치게 생각하며 우물쭈물하다가 별다른 이야기를 나누지 못하게 되는 것이 문제라면 문제다. 거기에 비하면 어떤 주제든 피하지 않고 거론하는 것은 크게 문제가 되지 않는다.

자기 경험담을
토대로 이야기하라

사람을 설득할 때 이유나 근거는 하나로도 충분하다. 그러나 그 근거는 자신의 경험이나 체험담일 때 효과가 빛난다. 체험담 하나만으로도 훌륭하게 상대의 마음을 움직일 수 있다는 말이다.

예를 들어 스페인 문화에 대해서 논한다고 해보자.

"제가 스페인에 유학할 때 얘긴데……."라고 이야기를 시작한 뒤 "그런 경험을 통해 볼 때 저는 이것이 더 어울릴 것이라고 생각합니다."라고 끝을 맺으면 그걸로 충분하다.

최근 어린이들의 체력이 급격히 떨어진다고 주장할 때도 "내가 어릴 때는 매일 해가 질 때까지 밖에서 뛰어 놀았는데……."라고 하면서 자기 경험을 토대로 이야기를 시작하고 끝맺어도 아무 문제가 없다.

학회에 발표할 논문을 준비한다든지, 전문적인 내용을 집필하는 경우가 아니라면 논리적 근거가 정확할 필요는 거의 없다고 단언한다. 특히 세상 돌아가는 이야기를 할 때는 더욱 그렇다.

미국 펜실베이니아 대학의 니콜라이 시겔코우Nicolaj Siggelkow 교수는 "사례를 하나만 거론하는 것만으로도 다른 사람을 설득할 수 있다."고 말한다. 반드시 객관적이고 통계적인 근거만을 고집할 필요가 없다는 말이다.

확실히 통계자료나 관련 데이터를 모으고 그것을 토대로 탄탄한 논리를 구축하는 것도 나쁘지 않지만, 이런 방법은 번거롭고 시간도 많이 잡아먹기 일쑤이다. 대부분의 사람들은 그런 귀찮은 일을 할 여유가 없다. 따라서 자신의 경험이나 체험을 제시하는 것이 훨씬 효과적이다. "제가 이런 경험을 해봤는데요……."라고 이야기를 시작하면 다른 사람을 설득하기가 쉽다.

그러나 자신이 설득하려는 내용에 걸맞은 경험을 한 적이 없는 경우에는 어떻게 할까? 이럴 때는 책이나 TV 등에서 본 '타인의 경험'을 거론해도 상관없다. "한때 폭주족에 몸담았던 사람이 그러던데 폭주족 중에는 신사적인 사람이 많대."라는 식으로 다른 사람의 경험을 전하는 것이다. 자신의 경험에 비하면 다소 설득력이 떨어질 수도 있지만, 그것을 가지고 다른 사람들이 트집을 잡지는 않을 것이다.

스텔라 가르시아 *Stella Garcia*, 미국 텍사스 대학 교수

Shyness and Physical Attractiveness
in Mixed-sex Dyads

말과 마음의 법칙 03

수줍음과 매력이 남녀관계에
미치는 영향

남성과 여성이 처음 만났을 때 어떤 요소들이 그들의 향후 관계에 큰 영향을 끼치게 될까? 실험 결과, 수줍어하는 남성과 매력적인 여성 사이에서는 여성이 관계의 주도권을 쥐는 것으로 나타났다. 남성은 여성의 시선을 피하면서 주동이 되어 이끌어가는 것을 기피했다. **반면 여성보다 남성이 더 매력적이고 수줍음이 없을 때, 대화는 둘만의 관심사로 주제를 좁혀갔으며, 여성도 좀 더 적극적으로 대화에 임했다.** 마지막으로 여성이 남성보다 더 매력적일 때는, 남성이 여성의 느낌과 관점에 동조하기 위해 일방적으로 애쓰는 것으로 조사됐다. 하지만 어느 경우에도 여성의 수줍음은 관계에 큰 영향을 미치지 않았다.

<성격 및 사회심리학 저널 *Journal of Personality and Social Psychology*> (1991) 중에서

자기 이야기가
아주 재미있다고 믿으라

'내가 무슨 말을 해도 사람들이 따분해 해. 나한테는 사람들을 재미있게 하는 말재주가 없나 봐.'라고 고민하는 이들이 많다. 그러나 분명히 말하건대, 그렇게 생각하는 것 자체가 문제이다. 설사 다른 사람들이 그렇게 생각할지라도 자기 자신은 그렇게 생각하면 안 된다. 그렇게 자신을 나쁘게 평가하다 보면 점점 더 말하는 데 자신이 없어진다.

말을 할 때 다른 사람들이 어떻게 생각할까 초조해하고, 다른 사람들의 표정이나 안색을 신경 쓰다 보면 점점 더 말이 꼬이게 된다. 남들이 뭐라 하든 내가 하고 싶은 이야기를 하겠다는 배짱을 가져야 한다.

미국 텍사스 대학의 스텔라 가르시아Stella Garcia 교수는 "수줍음이 많은 사람은 자기가 하는 말을 스스로 시시하다고 생각하는 경우가 많다."는 조사 결과를 발표했다.

그런 사람은 자신을 비하하는 성향이 너무 강해 이야기를 시작하기도 전에 "지루한 이야기가 될 지 모르겠지만……."이라든가, "좀 재미 없는 이야기이지만……."이라고 운을 뗀다. 그렇게 되면 듣는 사람도 '그렇게 시시하다고 생각되면 처음부터 하지 마!'라는 기분이 들고 듣고자 하는 열의도 식게 된다.

대화를 할 때는 자기 이야기가 재미있다고 자기 자신부터 믿어야 한다. 스스로 그렇게 믿고 신나는 표정으로 이야기를 하면 상대도 덩달아 즐거운 기분이 되기 때문이다. "아주 재미있는 이야기가 있는데……."라든가, "생각할수록 웃기는 이야기가 있는데 들어볼래?" 하는 식으로 운을 떼면 상대도 "뭔데? 뭔데?" 하면서 관심이 높아지게 되는 것이다.

'나는 머리가 아주 좋아.'라고 믿고서 책을 읽으면 책의 내용이 머리에 쏙쏙 들어온다. 공부도 그렇다. 스스로 자신을 어떻게 생각하느냐가 암시효과를 발휘하기 때문이다. '나는 기억력이 나빠. 나는 바보야.'라고 생각하면 부정적인 암시효과가 작동하기 때문에 실제로 노력한 만큼 성적이 오르지 않게 된다.

말하는 것도 마찬가지여서 '나는 말을 잘 못해. 나는 따분한 사람이야.'라고 암묵적으로 믿게 되면 점점 더 말이 서툴러지고 남 앞에서 수줍어하는 사람이 돼 버리고 만다.

자신에 대한 평가는 높으면 높을수록 좋다고 할 수 있다. 일을 하든 공부를 하든 운동을 하든 연애를 하든 대화를 하든, 자신이 가진 힘을 조금도 의심하지 말라. 자신을 높게 평가해야 좋은 방향으로 암시효과가 나타나는 법이다.

논리적 근거에
집착하지 말라

사람을 움직이기 위해서는 말을 할 때 정확한 이유나 근거를 대는 것이 중요하다고들 한다.

즉 논리적인 근거가 탄탄해야 한다는 것이다. 이유나 근거가 분명하면 상대가 말을 귀담아 듣고, 그렇지 않으면 무시할 것이라고 생각하기 때문이다. 하지만 그건 잘못된 믿음이다. 논리적인 근거가 빈약해도 사람의 마음을 움직일 수 있다.

사랑하는 사람에게 다음과 같이 말한다고 해보자.

"바람을 피우는 건 나쁜 짓이야. 왜냐하면 외도는 나쁜 행위이기 때문이지."

이런 말은 완전히 난센스다. "바람피우는 건 나쁘다."고 하면서 그 이유로 든 것이 같은 말의 반복이기 때문이다. 그렇지만 사랑하는 사람한테서 이런 말을 들으면 대부분은 그 말이 무슨 의미인지를 금세 알아챌 것이다.

또 다른 예로, 아이에게 어떤 음식을 가장 좋아하느냐고 물었을 때 "햄버거를 좋아해요. 왜냐하면 햄버거가 아주 좋거든요."라고 했다고 하자. 이것 역시 동어반복이다. 그렇지만 이런 이야기를 들은 부모는 아이에게 햄버거를 사주든지 맛있게 만들어 줄 것이다. 사랑스러운 자식이 바라는 것이니까, 꼭 해주고 싶은 것이다.

결국 논리적 근거가 있고 없고는 설득을 위한 절대 조건이 아니다.

일본과 미국 대학생들의 화법을 비교한 어느 연구에 따르면, 웅변대회에 참가한 일본대학생들은 자신의 주장을 뒷받침하기 위해 겨우 1.4개만을 근거로 내세운다고 한다. 반면 미국 대학생들은 13개를 제시했다고 한다. 더구나 일본 학생들은 자신의 경험이나 실제로 느낀 감정을 근거로 내세우는 경우가 많았다.

'나는 해외여행을 통해 이런저런 점을 배웠다.'라는 식이다. 그것도 한두 번에 그친다. 그렇다고 일본 대학생의 웅변이 듣는 사람의 마음에 와 닿지 않느냐하면 그렇지는 않다. 근거가 빈약해도 감동을 줄 수 있다는 말이다.

상사나 클라이언트를 설득할 때는 확실한 근거를 대야 한다고 주장하는 사람들이 많다. 하지만 반드시 그렇지는 않다. 그러므로 논리적 근거에 집착하지 말라. 논리적 근거를 찾기 힘들어도 주눅 들지 말고 당당하게 자신의 주장을 펼치기를 바란다.

마음가짐과
몸가짐을
다져라

신뢰도와 설득력을 더해주는 생각과 자세의 법칙

클레어 차이Claire I. Tsai, 캐나다 토론토 대학학 교수

Effects of Amount of Information
on Judgment Accuracy and Confidence

말과 마음의 법칙 04

정보의 양, 그리고
판단의 정확도와 판단의 신뢰도

사람이 어떤 판단을 내릴 때, 관련 정보를 더 많이 가질수록 더 정확하고 신뢰할 만한 판단을 하게 될까? 이를 알아보기 위해 세 가지 실험을 진행했다. **그 결과 관련 정보를 더 많이 받아들인 사람일수록 판단의 정확성은 떨어지는데도 불구하고 자신의 결정에 더 많은 신뢰를 갖는다는 것을 알 수 있었다. 즉 정보의 양과 관련해 판단의 정확도와 판단의 신뢰도는 전혀 다른 양상을 보였다.** 이를 통해 우리는 정보가 일정 정도 이상으로 늘어날 때 이를 효과적으로 이용하지 못하는 인식의 한계가 존재한다고 추정했다. 이번 결과는 인간의 인지능력을 좀 더 넓은 차원에서 바라보도록 하는 데 도움을 줄 것이라고 생각한다.

<조직 행동과 의사결정 프로세스 *Organizational Behavior and Human Decision*

Processes> (2008) **중에서**

너무 많은 지식은
독이 된다

어떤 책을 읽어 보면 "판매나 영업에는 제품에 관한 지식이 절대적으로 필요하다."라고 적혀 있다. 틀린 말은 아니다. 팔려고 하는 상품에 관해 많이 알수록 이야기를 쉽게 풀어갈 수 있기 때문이다. 하지만 그런 지식이 '절대적'으로 필요하냐 하면, 반드시 그렇지만은 않다고 말하고 싶다.

얼마 전, 노트북을 사기 위해 전자상가에 갔을 때 나를 맞은 여성 점원은 컴퓨터에 관해서는 아는 게 많지 않았다. 그렇지만 나는 그 점에 별로 개의치 않고 그녀가 추천해주는 제품을 사기로 결정했다. 시종일관 상냥한 얼굴로 성심성의껏 대하는 그녀의 모습이 인상적이었기 때문이다. 그녀가 권하는 제품이라면 믿고 사도 될 것 같았다.

보통 컴퓨터에 정통한 점원은 고객에게 설명을 지나치게 많이 하는 바람에 물건을 사기도 전에 질리게 하는 경향이 있다. 고객이 궁금해하지 않는 기능까지 시시콜콜 죄다 이야기하면서 말이다. 그런 점원은 고객이 정작 무엇을 원하는지 파악하지 못한 채 자기가 가진 지식을 일방적으로 늘어놓아야 고객이 설득된다고 믿는 것 같다.

"나는 워드 기능만 좋으면 충분하고, 음악이나 DVD 같은 기능은 별로 중요치 않아요."라고 말을 해도 "아닙니다. 이번에 나온 신상품은 새로 추가된 기능이 뛰어나서 한번 사용해 보시면 얼마나 좋은지 놀라실 겁니다. 이런 걸 사용하지 않으시면 크게 손해 보는 겁니다."라며 물고 늘어진다. 마치 그 물건을 사지 않으면 바보가 되는 것처럼 느끼게 만든다.

바보 취급을 당할까 봐 원치 않는 상품을 사는 사람도 있겠지만, 나는 그런 점원을 만나면 불쾌감에 사로잡혀 서둘러 그 자리를 떠나버린다. 그런 점원은 상품에 관한 지식 이전에 어떻게 해야 고객의 마음을 얻을 수 있는지부터 배워야 한다.

자신이 가진 지식에만 매달리는 사람은 사람과 사귈 때에도 자기 지식을 드러내고 뽐내려는 생각밖에 할 줄 모른다. 그래서 구구절절 설명이 길어지고, 그래서 상대방은 너무 지루한 나머지

하품이 나올 지경이 된다.

캐나다 토론토 대학의 클레어 차이Claire I. Tsai 교수에 따르면 지식이 많은 사람일수록 자신의 판단이 절대적으로 옳다고 믿는 경향이 강하다고 한다. 그런 사람들은 자신감이 지나쳐 '내가 하는 말은 절대로 옳다.'는 독선의 함정에 빠지기 쉽다. 추어 박사는 실험 참가자들에게 일정한 수의 정보(지식)를 주고 어떤 판단을 내리도록 했다. 그 결과 주어진 정보가 6개였을 때는 "내 판단이 옳다"고 대답한 사람이 68%였지만, 주어진 정보를 30개로 늘리자 자기 판단이 옳다고 대답한 비율은 79%로 늘어났다.

지식이 없는 사람은 자신의 생각이 틀릴 수도 있다는 점을 알기 때문에 겸손해진다. "제 생각은 이렇습니다."라고 몸을 낮추게 되는 것이다. 그런데 바로 그런 태도가 상대에게 믿음을 주고 호감을 갖도록 만든다.

글렌 리처드슨 *Glenn W. Richardson Jr*,
미국 펜실베니아 쿠츠타운 대학 교수

Looking for Meaning in All the Wrong Places:
Why Negative Advertising Is a Suspect Category

말과 마음의 법칙 05

감정에 호소했을 때
달라지는 참여도

그동안의 연구에 따르면 정치 선전이나 광고 가운데 사람들이 부정적으로 받아들이는 것들은 대개 이야기가 너무 광범위하거나, 경멸적인 언어를 썼거나, 맥락을 제대로 잡지 못한 경우였다. 미국의 역대 선거를 분석한 결과에서도 '부정적인 요소'를 이용한 선거광고는 유권자에게 신통치 않은 반응을 얻었음을 보여줬다. 여기서 말하는 '부정적인 요소'에는 거짓된 주장, 감정에의 호소, 상대에 대한 편파적 공격, 정치인에 대한 폄훼 등이 포함된다. **하지만 우리는 기존 연구와는 달리 감정과 정서에 호소하는 것이 시민들에게 더 호소력을 가진다는 사실을 밝혀냈다. 이는 시민들의 정치 참여와도 밀접한 관련이 있는 것으로 나타났다.**

<커뮤니케이션 저널 *Journal of Communication*> (2001) 중에서

이성이 아니라
감정에 호소하라

당신은 '설득력이 뛰어난 사람'이라고 하면 어떤 이미지가 떠오르는가? 아마 십중팔구는 청산유수로 거침없이 말을 쏟아내는 사람을 떠올릴 것이다. 세치 혀로 사람들을 쥐락펴락하는 사기꾼 같은 사람을 떠올릴지도 모르겠다.

그러나 그것은 완전히 오해이다. '설득력이 뛰어난 사람'이 되기 위해서 반드시 말솜씨가 좋아야 하는 것은 아니기 때문이다. 화술을 다룬 책들은 흔히 다음과 같은 충고를 한다.

"다른 사람의 마음을 움직이기 위해서는 감정적이어서는 안 된다. 냉정하고 차분하게, 이성적이고 논리정연하게 이야기해야 한다."

물론 그렇게 해서 사람을 설득할 수도 있을 것이다. 하지만 반드시 그런 방법을 써야 하는 것은 아니다. 실제 상황에서는 감정을 그대로 드러냄으로써 상대를 설득하는 경우도 매우 많다.

미국 펜실베이니아 쿠츠타운 대학의 글렌 리처드슨Glenn W. Richardson Jr. 교수는 미국 대통령 선거에 출마한 후보자들의 연설을 분석한 결과 이성적인 방법이 아니라 감정을 드러내는 연설로도 충분히 대중의 마음을 움직일 수 있다는 것을 밝혀냈다. 감정에 호소하는 것도 아주 효과적인 방법의 하나인 것이다.

예를 들어 남편이 외도를 했을 때, 부인이 어렴풋이 그것을 알아차리고 남편의 바람기를 잠재우려 한다고 해보자. 이럴 때 다음과 같은 이성적인 대화로 남편을 설득할 수 있을까?

"나는 결혼생활을 유지하기 위해 필요한 것은 서로에 대한 성실함이라고 생각해."

"결혼한 남자가 바람을 피운다는 건 반사회적인 행동이고 비난받아 마땅한 행위야."

그런데 이런 경우에는 오히려 감정을 감추지 말고, "날 가지고 장난치지 마!"라는 식의 분노에 찬 한마디를 던지는 게 남편의 바람기를 잠재우는 데 더 효과적이라고 생각한다.

화술과 관련된 책을 많이 읽은 사람들 중에는 멋지고 아름답게 말을 해서 다른 사람의 마음을 얻으려고 하는 이들이 많다. 세련되게 이야기하지 않으면 상대를 설득할 수 없다고 생각하는 것이다. 학교 교사들 중에도 그런 사람들이 있다. 그런 교사들은 교육법에 관한 책은 많이 읽었지만 막상 현실에 부딪히면 당황하게 된다. 머리로만 생각하고 너무 이성적으로만 대처하려고 하기 때문이다.

회사 상사나 경영자들도 마찬가지이다. 관리의 기술이나 부하 직원 다루는 법에 관한 책을 많이 읽은 사람일수록 이성적인 설득법을 선호한다. 하지만 실제로 효과는 그다지 보지 못한다.

다시 말하지만, 사람을 설득하려고 할 때는 감정을 그대로 드러내도 상관없다. 그런 방식은 세련되지 못하고 촌스러운 것이라고 자학하지 말라. 그게 상대를 움직이는 데 더 효과적이라고 판단되면 촌스럽다는 소리를 듣더라도 그런 방식을 취하는 것이 정답이다.

프랜시스 플린 *Francis J. Flynn*, 미국 컬럼비아 대학 교수

If You Need Help, just Ask:
Underestimating Compliance with Direct Requests for Help

말과 마음의 법칙 06

부탁의 직접성과 거절의 확률

우리는 다른 사람에게 어떤 부탁을 할 때 직접적으로 말하는 것을 꺼린다. 부탁을 했을 때 상대가 부담을 느낄까 봐 우려하는 것도 있고, 거절당했을 때 자신이 느낄 무안함 때문이기도 하다. 실제 연구 결과, 사전조사 당시엔 참가자의 절반가량이 자신이 직접적으로 부탁을 하면 상대가 부탁을 들어주지 않을 것이라고 답변했다. **그러나 실제로 직접 부탁을 해보도록 하자 이들이 예상했던 것보다 더 많은 사람들이 부탁을 들어주었다.** 나아가 우리는 사람들이 왜 직접적인 부탁을 더 잘 들어주는지에 대해 조사했다. 그 결과, **상대의 부탁을 받아들였을 때 치러야 할 사회적 비용보다는 거절했을 때 치러야 할 사회적 비용이 더 높기 때문에 직접적으로 부탁해오면 가능한 받아들이는 쪽으로 선택한다는 것을 알 수 있었다.**

<성격 및 사회심리학 저널 *Journal of Personality and Social Psychology*> (2008) 중에서

인간은 선하다는 것을
믿으라

우리는 사람을 쉽게 믿지 못하는 경향이 있다. '내가 이런 부탁을 하면 저 사람이 들어줄까? 절대 안 들어줄 거야.'라고 지레 짐작하기 일쑤이다.

인간은 처음부터 성격이 뒤틀린 존재가 아니다. 누가 무엇을 부탁하든 항상 "NO!"라고 거절하는 사람은 정말 소수에 불과하다.

당신이 먼저 상대에게 믿음을 보이면, 상대도 거기에 맞춰서 반응을 해줄 것이다. 그렇게 신뢰를 쌓는 과정이 중요하다. 어쩌면 사람을 믿지 못하고 의심부터 하고 드는 당신의 성격이 문제일 수 있다.

미국 컬럼비아 대학의 프랜시스 플린Francis J. Flynn 교수는 42명의 대학생에게 다음과 같은 질문을 던졌다.

"만약 여러분이 전혀 모르는 사람을 10분 정도 인터뷰해야 한다고 해봅시다. 인터뷰를 해야 할 사람은 다섯 명입니다. 그럴 경우 모두 몇 사람에게 말을 걸어야 그 중에서 다섯 명이 인터뷰에 응해줄 것이라고 생각하십니까?"

이 질문에 대한 학생들의 답은 평균 20.5명이었다.

대부분의 사람들은 인터뷰당하는 것을 귀찮아하거나 싫어하기 때문에 적어도 스무 명 정도를 접촉해야 그중 다섯 명 정도가 인터뷰에 응할 것이라고 학생들은 생각했던 것이다. 이것은 우리가 다른 사람을 별로 믿지 않는다는 증거가 아닐까? 그렇다면 실제로 인터뷰를 진행한 결과는 어떠했을까?

학생들의 예상과는 달리 평균 10.5명을 접촉했을 때 5명을 인터뷰하는 데 성공했다.

플린 교수는 이어서 다른 질문을 던졌다.

"다른 사람의 휴대전화를 빌려 쓰려고 할 때 몇 명에게 부탁해야 성공할 수 있을까?"

휴대전화는 프라이버시와 관련된 개인적인 도구이기 때문에 쉽사리 빌리기 어려울 것이라고 학생들은 생각했다. 그래서 평균 10.1명에게 부탁해야 한 번 빌릴 수 있을 것이라는 대답이 나왔다. 그러나 실제로 진행해 본 결과 6.2명에게 부탁해서 성공할 수 있었다.

이 실험들이 보여주듯이 아무리 세상이 각박하다느니 인간은 믿지 못할 동물이라느니 해도, 세상에는 선의를 가지고 있는 사람들이 꽤 많이 존재한다.

'어차피 부탁해도 들어주지 않을 걸.'이라고 단정하는 것은 어리석다. 사람들은 보통 부탁을 받으면 자기 나름대로 응해주기 마련이다.

물론 어떻게 부탁하느냐에 따라 사람들의 반응은 달라질 것이다. 따라서 당신은 다른 사람을 믿어야 한다. 거짓 없이 자연스럽게 부탁해보라. 그것으로 충분하다.

제임스 디터트 *James R. Detert*, **미국 코넬 대학 교수**

Leadership Behavior and Employee Voice:
Is the Door Really Open?

말과 마음의 법칙 07

리더의 경청 자세에 따라
달라지는 참여도

우리는 두 가지 유형의 리더십을 조사·연구했다. 하나는 변화를 지향하되 관리자들의 의견에만 귀를 기울이는 리더십이고, 다른 하나는 하급 직원들의 목소리에도 귀를 기울이는 리더십이었다. 조사 대상은 레스토랑 체인점에서 종사하는 관리자 223명과 종업원 3,149명이었다. 그 결과 개성이 제각각이고 인종과 직업 만족도도 상이한 종업원들에게 심리적인 안정감과 적극성을 부여하는 것은 후자의 리더십인 것으로 드러났다. **즉 리더가 열린 마음을 갖고 부하직원들의 목소리를 경청할 때 조직의 변화에 대한 직원들의 참여도가 훨씬 높고 직원들 사이의 관계도 원활했다.** 이것은 조직에서 직원들에게 마음 놓고 편안하게 말할 수 있는 환경을 조성하는 것이 얼마나 중요한지를 보여준다.

<경영학회보 *Academy of Management Journal*> (2007) **중에서**

누구에게나
열린 마음을 갖자

상대의 마음을 열기 위해서는 먼저 자기 마음부터 열어야 한다. 자기는 마음을 꼭 닫아놓고 상대가 마음을 열기를 바라는 것은 무리한 욕심이다. 자신이 열지 않는 이상 상대도 경계심을 풀지 않는다.

상대의 마음을 여는 데 능숙한 사람은 자신의 마음을 여는 데도 능숙하다. 그런 사람은 누구에게든 열린 마음으로 말을 건넬 줄 안다. 상대에게 좀처럼 무엇을 숨기려 하지 않는다.

미국 코넬 대학의 제임스 디터트James R. Detert 교수는 고급 레스토랑의 매니저 223명과 직원 3,149명을 대상으로 조사한 결과, 매니저가 열린 마음으로 직원들을 대하면 직원도 자유롭게 자기 의견이나 제안을 내놓는다는 것을 확인했다.

중요한 것은 이쪽에서 마음을 먼저 여는 것이지, 상대가 마음을 열어주기를 기다리는 것이 아니다.

　'저 사람은 아무리 시간이 흘러도, 몇 번을 만나도, 나에게 마음을 열지 않는구나.'라는 생각이 든다면 먼저 자기 자신에게 문제가 없는지 되돌아봐야 한다. 자기 쪽에서 마음을 열지 않아 상대의 마음도 닫혀 있을 가능성이 높기 때문이다.

　'사람을 만나면 그 사람이 도둑이라고 생각하라.'는 격언이 있다. 인간은 모두 악인이기 때문에 쉽사리 마음을 주었다가는 위험해진다는 것을 경고하는 말이다. 그러나 이런 생각으로 사람을 만나면 결코 상대의 마음을 얻을 수 없다. 따라서 기본적으로는 상대의 선의, 즉 상대의 착한 마음을 믿어야 한다.

　카운슬러가 되기 위한 교육과정에서 예비 카운슬러들은 사람의 선의를 믿으라는 말을 지속적으로 듣게 된다. 자신을 찾아온 사람을 믿지 않으면 그 사람의 마음을 열 수 없기 때문이다. 환자가 하는 말을 받아들이지 못하고 쉽게 믿지 않으려는 카운슬러는 제대로 된 카운슬러라고 할 수 없다.

　어린아이들은 사람의 선의를 의심하지 않는다. 그래서 열린 마음을 가질 수 있고 누구에게나 쉽게 말을 붙인다. 어린아이가 말을 걸면 어른도 저절로 마음을 열고 반응하게 된다.

그러한 순진한 마음을 갖는 것이 인간관계에서는 아주 중요하다. 어린아이 같은 사람은 상대의 경계심을 푸는 데 능하다. 그 까닭은 그들이 누구에게나 마음을 열고 대하기 때문이다.

제임스 타일러 *James M. Tylera*, 미국 메사추세츠 대학 교수

The Price of Deceptive Behavior:
Disliking and Lying to People Who Lie to Us

말과 마음의 법칙 08

속임의 강도와 되갚음의 유혹

상대를 속이는 횟수가 많을수록, 또한 거짓말의 강도가 셀수록 상대를 신뢰하는 정도가 크게 떨어진다는 사실을 이번 실험에서 입증했다. 첫 번째 실험에서는 참가자와 상대가 이야기하는 장면을 따로 녹화한 뒤, 참가자들에게 상대가 어떤 거짓말을 했는지를 확인시켰다. 그 결과 상대가 거짓말을 한 횟수가 많을수록 신뢰를 더 적게 갖는 것으로 조사됐다. 두 번째 실험에서는 녹화된 비디오를 보여주면서 상대가 강도 높은 거짓말을 1번 한 경우와 강도 높은 거짓말을 4번 한 경우, 정도가 약한 거짓말을 1번 한 경우와 4번 한 경우로 나눠 참가자들에게 상대를 평가하도록 했다. 그 결과 강도 높은 거짓말을 4번 한 상대에 대해 가장 적은 신뢰를 보냈다. **또한 참가자들도 상대의 거짓말 강도와 횟수에 비례해서 그에 상응하는 거짓말을 하도록 유혹받는 경향이 있는 것으로 나타났다.**

<실험사회심리학 저널 *Journal of Experimental Social Psychology*> (2006) 중에서

부득이한 거짓말은
들통나지 않게 하라

일본의 유명한 작가 아쿠타가와 류노스케 芥川龍之介, 1892~1927 는 "모든 사교활동은 필연적으로 허위를 필요로 한다."고 말한 적이 있다. 우리는 누구나 다소간 거짓말을 하면서 살아간다. 거짓말을 전혀 하지 않고 진짜 정직하게 살아가기란 대단히 힘들기 때문에 어느 정도는 거짓말을 하면서 살 수밖에 없는 것이다.

사흘이면 끝낼 수 있는 일인데도 "적어도 1주일은 여유를 주세요."라고 부탁하는 것은 그다지 큰 거짓말은 아니라고 생각한다. 솔직히 나 역시 그런 거짓말을 가끔 하고 있다.

그런데 불가피하게 어떤 거짓말을 해야 할 상황이라면, 그 거짓말이 발각되지 않도록 치밀하게 준비할 필요가 있다. 나중에 들통이 나면 그 사람에 대한 평가가 일거에 추락하기 때문이다.

미국 메사추세츠 대학의 제임스 타일러James M. Tyler 교수는 64명의 학생을 대상으로 그들이 거짓말에 대해서 어떤 반응을 보이는지 실험을 했다.

교수는 배우들을 내세워 학생들에게 하나에서부터 네 개까지 거짓말을 하도록 했다. 예를 들면 '나는 이번 시험에서 모두 A학점을 받았다. 나는 학생회 회장이었다. 내가 소속된 축구팀이 지역대회에서 우승했다.'라는 식으로 얘기하면서 대화를 하도록 한 것이다.

대화가 끝나고 나면 배우들은 학생들에게 자신이 거짓말을 했다고 실토했다. 그 결과 거짓말을 하나만 했을 때에 비해 네 개를 했을 경우 학생들로부터 '당신은 못 믿을 사람'이라는 말을 들을 확률이 20%가량 높은 것으로 나타났다.

이솝 우화에 나오는 양치기 소년의 "늑대가 나타났다!"는 거짓말에 마을 사람들도 처음 한두 번은 믿어주었지만 횟수가 거듭되면서 거들떠보지도 않았듯이, 일상생활 혹은 직장생활에서 한두 번의 거짓말은 대체로 용인될 수 있지만 그러한 거짓말이 거듭되면 아무도 상대해주지 않게 되는 것이다.

거짓말은 가능하면 하지 않는 것이 가장 좋다. 솔직하게 털어놓는 것이 가장 좋은 해결책인 경우도 많다. 그러나 살다 보면 선의를 가지고, 혹은 어쩔 수 없이 거짓말을 해야 하는 상황이 반드시 생긴다. 그럴 때는 상대가 알아채지 못하도록 주의해야 한다. 그것은 자신의 사회적인 신용도와 밀접히 연관돼 있기 때문이다.

위퍼트 키베츠 *Yifat Kivetz,* **미국 뉴욕 대학 교수**

Tomorrow I'll be me: The Effect of Time Perspective
on the Activation of Idealistic Versus Pragmatic Selves

말과 마음의 법칙 09

현실과 이상 : 무엇을 택할 것인가?

인간에게는 이상적인 것을 지향하는 자아와 현실적이고 실용적인 것을 지향하는 자아가 있다. 이번 연구는 이 자아들 중 어떤 것이 어떤 상황에서 더 활발히 작용하는지를 알아보기 위한 것이다. **연구 결과 시간적으로 먼 미래를 바라볼 때는 이상적인 자아를 중요시하고, 가까운 시점을 바라볼 때는 현실적인 자아를 중요시한다는 점을 알 수 있었다.** 예를 들어 곧 닥칠 일을 결정할 때는 이상적인 목표는 접어두고 현실적인 이익에 비중을 두고 판단한다는 것이다. 이번 연구 결과는 개인적으로 어떤 결정을 내릴 때뿐 아니라 조직 내에서 기간별 목표를 세울 때, 혹은 정치적인 선택을 할 때에도 많은 도움이 될 것이다.

<조직 행동과 의사결정 프로세스 *Organizational Behavior and Human Decision*

Processes> (2007) **중에서**

현실적인 접근과
이상적인 접근을 구분하라

우리는 먼 미래에 대해서는 '이상理想'에 따라 마음이 움직이고, 가까운 장래에 대해서는 '현실'에 따라 마음이 움직이는 경향이 있다.

예를 들어 아직 결혼할 생각이 없는 사람일수록 '이상적인 배우자상'을 찾게 된다.

성격도 좋고 용모도 뛰어나고 가정적이고 돈도 많고 등등. 그러나 곧 결혼해야겠다고 마음먹은 사람은 현실적이 된다. 성격이 좀 나빠도 얼굴이 좀 못생겨도 요리 솜씨가 좀 떨어져도 결혼하고 싶다고 생각하는 것이다.

따라서 상대가 시간적으로 어디에 초점을 맞추고 있는지를 잘 파악하면 분명 설득하는 데 유리하다.

미국 뉴욕 대학의 위퍼트 키베츠Yifat Kivetz 교수는 이 점을 실험을 통해 확인했다. 그는 95명의 학생들에게 다음 두 가지 수업 중 하나를 선택하라고 했다.

① 사나흘 후에 시작하는 수업
② 내년에 시작하는 수업

그런 다음, 어떤 기준으로 그 수업을 선택했는지를 물었다. 그러자 1을 선택한 학생들은 '점수를 따기가 쉬운가, 교수의 강의가 재미있는가.'라는 보다 현실적인 이유를 댄 경우가 많았다.

1번을 선택한 48명 중에 18명(38%)이 그렇게 답했다. 반면 2번을 선택한 학생들은 '교수가 학생을 존중하는가, 교수가 진심을 다해 가르치는가'와 같은 이상적인 이유를 댄 경우가 많았다. 2를 선택한 47명 가운데 30명(64%)이 그렇게 답했다.

이 실험을 통해 알 수 있는 것은, 사람을 설득하고자 할 때 시간적으로 가까운 일일 경우에는 현실적으로 접근하고, 시간적으로 먼 일일 경우에는 이상적으로 접근하는 것이 좋다는 것이다.

짧은 시간 안에 부서의 실적을 올려야 하는데도 이상적인 목표를 내세우면 부하직원들은 '현실적인' 방법을 가르쳐달라고 할 것이다.

큰 꿈이나 비전을 이야기하고 싶으면 5년 후라든가, 10년 후의 시점에서 이야기를 풀어나가야 한다. 그렇지 않으면 아무도 당신의 말에 귀를 기울이지 않을 것이다.

제프리 톰슨 *Jeffery A. Thompson,* 미국 브리검 영 대학 교수

Proactive Personality and Job Performance:
A Social Capital Perspective

말과 마음의 법칙 10

적극적인 사람과 인맥의 활용

우리는 126명의 기업 관리자들을 대상으로 개인의 성격과 사회적 자본의 관계를 조사했다. 그 결과 적극적인 성격을 가진 관리자는 평소 사회적인 네트워크, 즉 인맥을 폭넓게 형성해 놓기 때문에 특정한 사건이 발생했을 때 그런 인맥을 활용해 상황의 주도권을 잡는 것은 물론, 업무 추진에서도 큰 이득을 본다는 점을 알 수 있었다.

<미국 응용심리학지 *Journal of Applied Psychology*> (2005) 중에서

소개를 받으면
곧장 만나러 가라

고객으로부터 다른 고객을 소개받았을 경우에, 언제 그 새로운 고객을 찾아가면 좋을까? 1개월 이내일까, 1주일 이내일까? 나는 하루 이내가 좋다고 생각한다.

영업사원이 다른 고객을 소개받았을 때는 "감사합니다. 바로 만나보겠습니다!"라고 말하는 것이 올바른 태도다.

왜 그렇게 서둘러서 만나야 할까? 사람을 소개받은 직후라면 자신도 기분이 무척 좋은 상태여서 그 기쁨이 만나는 상대에게도 전해지기 때문이다. 기분이 좋은 상태에서, 기운이 한층 고양된 목소리로 말할 수 있는 것이다. 다시 말해 열정을 고스란히 내보일 수 있기 때문이다.

그렇지 않고 어느 정도 시간이 흘러버리면 처음 소개받았을 때의 흥분이 사라져 말하는데도 상대적으로 기운이 덜 실리게 된다. 탄산 음료를 며칠이고 방치해 두면 거품이 빠져 밍밍해지는 것과 같은 이치다.

사람은 '나중에 해야지……'라는 마음을 먹는 순간 정열이 식어버리게 된다. 따라서 생각났을 때 바로 행동으로 옮기는 것이 좋다.

대화를 할 때 열의가 담겨 있지 않으면 안 된다고 했지만, 그것을 위해서는 즉각적으로 실천에 옮기는 행동력이 중요하다.

내 친구는 어떤 사람과 이야기하다가 "결혼하고 싶어 하는 여자가 있는데……."라는 화제가 나오자 바로 "나를 소개해주세요!"라며 졸라, 그 자리에서 여성과 연락을 취하도록 해 다음에 만날 날짜까지 잡았다고 한다. 대단한 추진력이 아닐 수 없다.

열정을 담아 말하고 싶다면 생각났을 때 바로 행동에 옮기는 습관을 들이는 것이 좋다. 어떤 일이든 적극적으로 임하는 자세를 갖게 되면 자연스럽게 말에도 힘이 실리게 된다.

미국 브리검 영 대학의 제프리 톰슨Jeffery A. Thompson 교수도 적극적인 사람일수록 인맥을 잘 형성한다는 것을 확인했다. 약 3

천 명을 대상으로 조사한 결과 적극적인 사람은 주위에 사람을 많이 모은다는 것을 알 수 있었다.

목소리에 기운이 없는 사람은 행동력이 부족하다는 공통점을 가지고 있다. 그런 사람은 말하는 기술을 연마하기에 앞서 보다 적극적으로 행동하기 위해 노력하는 것이 필요하다.

사람을 소개받았을 때는 바로 만나러 가라. 그래야 소개받은 사람을 자기편으로 만들 수 있다. 소개받은 그날 안에 가는 것이 좋지만 형편이 여의치 않다면 바로 전화나 이메일을 통해 연락을 취한 다음 가능한 한 빨리 만나야 한다.

게리 브레이즈*Gary L. Brase*, 영국 선더랜드 대학 교수

The White Coat Effect: Physician Attire and
Perceived Authority, Friendliness, and Attractiveness

말과 마음의 법칙 11

복장이 권위와 신뢰도에 끼치는 영향

이번 연구에서는 의사의 복장이 환자에게 미치는 영향을 알아보았다. 38명의 남성 환자와 40명의 여성 환자들을 대상으로, 흰 가운을 입은 남녀 의사와 캐주얼 복장을 한 남녀 의사에 대한 평가를 내리도록 했다. **그 결과, 캐주얼 복장을 한 의사보다 흰 가운을 입은 의사들이 의학적인 권위와 신뢰도에서 더 높은 점수를 얻었다.** 특히 여성 환자들은 흰 가운을 입은 여성 의사보다는 흰 가운을 입은 남성 의사들에게 더 높은 권위와 신뢰를 보냈고 호감도 더 높은 것으로 나타났다.

<영국 응용사회심리학지 *Journal of Applied Social Psychology*> (2004) 중에서

품위 있게 입으라

사람들은 의사가 하는 얘기는 무조건 잘 따르려고 한다. "콜레스테롤 수치가 높으니까 육식을 피하라."거나 "바이러스에 감염될 수 있으니 마스크를 하고 손을 잘 씻어라."고 얘기하면 별다른 토를 달지 않고 그대로 따르려고 한다.

왜 우리는 의사가 얘기하면 순한 양처럼 잘 따르게 되는 것일까? 그것은 전문가들이 가진 권위 때문이라고 할 수 있다. 의사뿐만 아니라 변호사나 교수, 박사라는 타이틀이 붙으면 같은 말이라도 보통 사람이 하는 것보다 훨씬 무게감 있게 받아들여진다. 전문가들을 믿고 신뢰하기 때문일 것이다.

따라서 우리는 말을 할 때 자기 말에 권위가 실리도록 해야 한다. 그래야 상대로부터 믿음을 얻을 수 있기 때문이다. "나는 박사 타이틀도 없고 전문가도 아니어서 권위를 끌어낼 수 있는 방법이 없어."라고 지레 꽁무니를 빼는 사람이 있을지 모르겠다. 그러나 반드시 자격증이 있어야 하는 것은 아니다. 자신에게 권위가 있는 것처럼 행세를 하면 된다.

영국 선더랜드 대학의 게리 브레이즈Gary L. Brase 교수는 평범한 사람에게 하얀 옷을 입히면 사람들이 훨씬 권위 있게 바라본다는 사실을 발견했다. 그래서 이런 현상에 '흰옷 효과'라는 이름을 붙였다. 일상생활에서는 상하 모두 흰 옷을 입는 경우가 드물기 때문에 그런 특별한 복장에는 사람들이 어떤 의미를 부여하게 된다는 것이다.

비싸고 고급스럽다고 알려진 브랜드, 소위 명품을 입으려고 하는 것도 남들에게 좀 더 인정받고 남들과는 다른 대접을 받고 싶은 욕구 때문일 것이다. 비싼 자동차를 몰고 다니고 싶어 하는 것도 같은 맥락이다.

즉 자신을 남들과 다르게 포장함으로써 자신의 행동이나 말에 더욱 '권위'를 주려고 하는 것이다.

특히 복장에 조금만 더 신경을 쓰면 당신이 하는 말에 권위의 무게를 실을 수 있다. 나는 심리학 전문가로 통하지만, 만약 내가 후줄근한 옷을 입고 다 찢어진 청바지를 입고 다닌다면 어떨까. 소박한 사람이라고 좋아해 주는 사람도 있겠지만, 넥타이를 매고 정장을 했을 때와 비교하면 확실히 말의 무게감이 떨어질 것이다.

전문가의 모습을 갖추라

나는 심리학 전문가로 일을 하지만 심리학 이외의 분야에서는 보통 사람과 지식수준이 크게 다를 바가 없다. 그런데도 내가 뭔가를 이야기하면 "심리학 전문가가 말하는 것이기 때문에"라면서 무조건 믿어주는 사람들이 많다.

예를 들어 나는 교육관련 전문가가 아닌데도 "아이를 어떻게 키울지 모르겠습니다. 좋은 방법이 없을까요?"라고 끈질기게 물어보면 어쩔 수 없이 내 생각을 말하게 되는데, 나중에 보면 내가 말한 방식으로 아이를 지도하려고 해서 깜짝 놀라게 된다. 아이들의 심리적인 측면에서는 대답할 수 있지만 양육방식에 대해서는 전문가가 아닌데도 내 말에 크게 의지하는 것이다

사람들이 내가 하는 말을 신뢰하는 것은 내가 학식이나 덕망이 높아서가 아니라, 단지 내가 한 분야의 전문가이기 때문일 것이

다. 사람들은 전문가가 하는 말이라면 일단 별 의심을 하지 않고 믿어주는 경향이 있다. 설사 분야가 다르다 할지라도 말이다.

미국 노스다코타 대학의 고든 파처Gordon L. Patzer 교수는 사람들이 전문가가 하는 말은 무비판적으로 받아들인다는 것을 실험을 통해 입증했다. 따라서 당신이 전문가다운 면모를 보여주는 것이 중요하다. 사회학이든 생물학이든 법학이든 상관없이, 한 분야에서 전문가가 되면 사람들에게 말로 영향을 미치기가 훨씬 쉽다.

전문가가 되는 것은 많은 노력을 필요로 하지만, 한 분야에서 10년 정도를 일하고 연구하다 보면 누구라도 전문가급으로 성장할 수 있다. 무엇보다 꾸준히 노력하는 것이 중요하다. 꼭 교수가 되지 않더라도 이런저런 잡지에 글을 발표하거나 책으로 발간하거나 하다보면 자타가 공인하는 전문가가 될 수 있다.

자격증을 따는 것도 한 방법이다. 요즘은 다채로운 분야에서 자격증 제도를 시행하고 있기 때문에 자신이 원하는 분야를 택해 자격증을 취득하고 그 분야에서 경험을 쌓으면 자연스럽게 남들로부터 인정받는 전문가가 될 수 있다. 그렇게 되면 같은 말을 해도 다른 사람보다 고개를 훨씬 더 많이 끄덕여 줄 것이다.

STEP 3
○ **Appeal**

매력있는
사람이 되어라

내 말에 호감을 가지게 만드는 인간관계의 법칙

에이멀 치머 *A. Cheema*, 미국 워싱턴 대학 교수

Surcharges and Seller Reputation

말과 마음의 법칙 12

판매자의 평판과 인지도가
구매 행동에 끼치는 영향

우리는 물건을 구매할 때 판매자의 인지도에 얼마나 영향을 받을까? 이번 연구는 판매자의 평판이 구매자의 행동에 미치는 효과를 알아보기 위해 진행되었다. **이베이(eBay) 구매자들의 구매 패턴을 분석한 결과, 평판이 좋고 인지도가 높은 판매자에게서 상품을 구입할 때보다 인지도가 낮은 판매자에게 구매할 때 추가비용에 대해 더 신경 쓴다는 것을 알 수 있었다.** 또한 판매자의 인지도가 낮을 경우 구매 결정에 훨씬 더 많은 시간을 소요했다. 그러나 판매자의 평판이나 인지도에 신경을 쓰지 않는 구매자들은 인지도가 낮은 판매자에게서 물건을 구입하더라도 추가비용에 대해 그리 신경 쓰지 않는다는 것을 알 수 있었다.

<소비자 연구 저널 *Journal of Consumer Research*> (2008) 중에서

먼저 좋은 평판을 얻으라

이 책은 말하는 법에 대한 길잡이이다. 말을 잘하는 데는 분명히 규칙이 있고 테크닉이 있다. 그런 규칙과 기술을 익히도록 하는 것이 이 책의 주요한 목적이다. 하지만 한 가지 명심할 게 있다. 말하는 법에 앞서 그보다 중요한 점이 있다는 것이다. 그것은 바로 '호감이 가는 인간이 되는 것'이다.

"그 사람, 아주 좋은 사람입니다."

"그 사람을 아세요? 함께 있으면 아주 기분이 좋아지는 사람이지요."

주변으로부터 이런 이야기를 듣는 사람이 되어야 한다는 말이다. 다른 사람들에게 좋은 인상을 주는 것이 말을 능숙하게 하는 것보다 훨씬 중요하고 가장 우선적으로 해야 할 일이다.

사실을 말하면, 인간적으로 누구에게나 호감을 사는 사람이라면, 말하는 법이 다소 서툴더라도 아무런 문제가 되지 않는다고도 할 수 있다. 중요한 것은 바로 주변의 평판이다.

마음속으로 싫어하거나 혐오하는 사람이 말을 걸어올 때 당신은 어떤 느낌이 드는가. 아무리 부드러운 목소리로 상냥하게 말해도, 아무리 애교를 떨어도 마음의 문이 열리지 않을 것이다. '당신이 하는 말은 아예 듣고 싶지 않아. 당신이 하는 말은 콩으로 메주를 쑨다고 해도 믿지 않아.' 같은 생각이 들 것이다. 그런 사람은 말을 잘하는 게 오히려 마이너스가 될 수 있다. 번지르르한 말로 상대를 속이는 교활하고 영악한 인물로 비치기 때문이다. 사람이라면 누구나 그런 감정을 갖게 마련이다.

미국 워싱턴 대학의 에이멀 치머A. Cheema 교수가 이런 실험을 한 적이 있다. 주변에서 좋은 평판을 받는 사람과 평판이 좋지 않은 사람들로 그룹을 나눠, 휴대전화를 판매하도록 했다. 그러자 평판이 좋은 그룹의 판매 실적이 확연히 좋다는 걸 확인할 수 있었다. 평판이 좋은 사람이 "기본요금 외에 별도 요금이 부과되는 서비스가 있는데 가입하시겠습니까?"라고 했을 때 그를 알고 있는 고객들은 대부분 "좋습니다."라며 호의적인 반응을 보인 데 반해 평판이 나쁜 그룹은 "괜찮아요. 그건 필요 없어요."라는 대답을 더 많이 얻었다는 것이다.

　이런 것은 사실 굳이 실험을 통하지 않더라도 우리가 일상적으로 느끼고 경험하는 일이다. 같은 말을 하더라도 말하는 사람이 어떤 평판을 받고 있고, 상대에게 얼마나 호감을 얻고 있느냐에 따라 말의 진실성과 무게가 달라진다.

　말하는 법을 배우는 것은 분명히 중요하다. 하지만 그보다 더 중요한 것은 인간성을 갈고 닦아 매력적인 인간이 되는 것이라는 점을 잊지 말자. 말은 청산유수처럼 잘 하지만 왠지 믿음이 가지 않는 사람이 있다. 반면 말은 어눌해도 진실된 마음이 전해지는 사람이 있다. 누구의 말에서 더 감동받을지는 뻔하지 않은가. 물론 말하는 법도 능란해서 자기 생각을 당당하게 펼칠 수 있고 인간적으로도 매력적이라면 더 말해 무엇하겠는가. 우리의 궁극적인 목표가 바로 거기에 있다.

토드 소스타인슨 *Todd J. Thorsteinson,* 미국 아이다호 대학 교수

Anchoring Effects on Performance Judgments

말과 마음의 법칙 13

닻내림 효과가 판단에 미치는 영향

심리학 용어 가운데 닻내림 효과(anchoring effect)라는 것이 있다. 바다에서 닻을 내리면 배가 움직이지 않듯이, 우리 마음에 어떤 것이 일단 자리 잡으면 좀처럼 거기서 벗어나지 못하는 현상을 말한다. 이번 연구에서는 판단을 내리는 대상과 별 상관없는 닻이 내려도 그러한 닻내림 효과가 나타나 판단에 영향을 미치는지를 살펴보았다. 그 결과 실험과 현장조사 모두에서, 판단과 직접 관련되지 않는 닻도 판단 기능에 영향을 준다는 점을 확인할 수 있었다. **물건을 구매할 때 상품에 대한 평이나 판매원의 태도보다도 판매원의 평소 평판에 더 많이 좌우되는 것으로 나타났던 것이다. 특히 구매자가 판매원에 관한 정보를 더 많이 가지고 있을수록 닻내림 효과가 더 크게 나타났다.**

<조직 행동과 의사결정 프로세스 *Organizational Behavior and Human Decision Processes*> (2008) 중에서

평판은 어느 날 갑자기
높아진다

처음부터 평판이 좋은 사람은 없다. 어느 날, 어느 순간을 기점으로 갑자기 높아지는 것이 평판이다.

판매 분야에서 높은 실적을 거두고 있는 사람은 잘 알고 있겠지만, 처음에는 새로운 고객을 확보하기가 대단히 어렵다.

그러나 그 어려움을 뚫고 한 사람 두 사람 고객을 늘려 가다 보면, 어느 순간 자신도 모르게 고객이 엄청나게 늘어나 있는 것을 확인하게 된다. 그 영업사원에게서 좋은 느낌을 받은 고객이 다른 고객을 소개하고, 또 그 고객이 다른 고객을 소개하는 식으로 고객 수가 기하급수적으로 늘어나기 때문이다.

한 사람이 두 사람이 되고, 두 사람이 네 사람이 되는 과정은 매우 더딜 것이다. 그래서 그 기간에는 자칫 의기소침해지기 쉽다. '이렇게 힘들여 노력해도 내 고객은 별로 없구나.'라며 실망할 수도 있다.

그런데 기운이 없어지고 풀이 죽은 바로 그 상태에서 좌절하지 않고 꾸준히 해가다 보면, 어느덧 고객이 100명, 200명으로 급속히 늘어나 있는 것을 발견하게 된다.

평판도 마찬가지이다. 회사에서 누군가 당신에게 호감을 가지게 되면, 그 사람이 다른 사람에게 당신에 대한 좋은 이야기를 하게 되고, 그렇게 서서히 좋은 평판이 퍼져 당신이 근무하는 부서는 물론이고 다른 부서에도, 나아가 회사 바깥의 거래처에까지 당신에 대한 좋은 이야기들이 퍼지게 된다.

미국 아이다호 대학의 토드 소스타인슨Todd J. Thorsteinson 교수는 영업사원에 대한 평가는 고객을 대하는 태도나 상품에 관한 지식보다, 다른 영업사원에게서 얼마나 좋은 평판을 받느냐에 달려 있다고 주장한다. 다른 영업사원들이 "그 사람이라면 믿을 만하지요."라고 말을 하면 그 이야기가 퍼져서 높은 평가를 받게 되고 호감이 연쇄반응처럼 널리 퍼지게 된다는 것이다.

글재주가 없는 내가 작가 생활을 할 수 있는 것도 나에 대해서 좋게 말해주는 편집자가 늘었기 때문이었다. 처음에는 편집자를 만나 원고를 보여주는 기회를 얻기조차 힘들었지만, 지금은 나에 관한 이야기를 어딘가에서 듣고 편집자들 쪽에서 먼저 연락을 취해오는 형편이다.

좋은 평판을 얻기 위해서는 '매력적인 사람'이 되어야 한다. "그 사람 괜찮아요."라고 다른 사람들이 생각하기 위해서는 늘 밝은 얼굴로 사람을 대하는 것도 중요하다.

캐머런 앤더슨 *Cameron Anderson*, 미국 캘리포니아 대학 교수

Are Individuals' Reputations Related to Their History of Behavior?

말과 마음의 법칙 14

평판과 과거 행동의 연관성

기존 심리학 이론에서는 개인의 평판은 그동안 그 사람이 어떤 행동을 해왔
느냐에 따라 결정된다고 보았다. 그러나 일부에서는 평판과 개인의 행동 사
이에는 그다지 큰 연관이 없다는 주장도 제기되었다. 그래서 이번 연구는 이
둘의 관계를 명확히 규명하기 위해 진행되었다. 우리는 몇 주일 동안 피실험
자들을 여러 가지 협상 상황에 넣고서, 개인의 평판이 협상 결과에 어떤 영
향을 미치는지를 세심하게 조사했다. **그 결과 커뮤니티 내에서 이름이 널리
알려진 사람일수록 그에 대한 평판을 그의 과거 행동과 연결짓는 경향이 강
하게 드러났다. 또 좋은 평판을 얻은 사람은 협상에서도 유리한 위치를 차지
했다.** 반면 커뮤니티 내에서 그다지 유명하지 않은 사람은 과거의 행동이 그
사람의 평판에 큰 영향을 미치지 않는 것으로 나타났다.

<성격 및 사회심리학 저널 *Journal of Personality and Social Psychology*> (2008) **중에서**

평판이 좋으면
일이 저절로 풀린다

일단 좋은 평판을 얻으면 일하기가 훨씬 수월해진다.

"저 사람이라면 뭘 맡겨도 괜찮아."라는 소문이 퍼지면 일을 따기 위해 번거로운 절차를 거칠 필요가 없다. 상대에게 일일이 설명한다든지, 설득한다든지 하는 중간 단계가 사라지기 때문이다. 예를 들어 협상을 할 때 좋은 평판을 가진 사람은 거래처 담당자와 한두 번 만나 이야기하는 것으로 협상을 마무리하는 경우가 많다. 반면 평판이 좋지 않은 사람이 협상에 나서면 OK를 얻어내기까지 몇십 차례나 얼굴을 맞대야 할지 모른다.

은행에서 돈을 빌리는 경우도 마찬가지이다. 경영 실적이 좋고 평판도 좋은 회사의 경영자가 대출을 원하면 은행 담당자는 이것저것 별로 따지지 않고 흔쾌히 빌려줄 것이다. 그러나 신통치 않은 회사의 경영자가 융자를 신청하면 은행 담당자는 지난 몇 년간의 결산서를 가져오라든가, 변제 계획서가 불충분하다든가 하는 식으로 이런저런 꼬투리를 잡아 시간을 끌 것이다. 그러다 한 푼도 빌려주지 않을지도 모른다. 결국 좋은 평판을 얻으면 말솜씨가 좀 부족해도 충분히 일을 잘 해나갈 수가 있다는 뜻이다.

미국 캘리포니아 대학의 캐머런 앤더슨Cameron Anderson 교수는 MBA 과정에 있는 학생 80명에게 각각의 역할을 준 다음 4주에 걸쳐 모의 협상을 하도록 했다. 예를 들어 첫 주에는 의약품 공장을 인수하는 문제를 다루고, 둘째 주에는 석유회사 간부가 되어 원유 매입 과정을 취급하도록 하는 식이었다.

앤더슨 교수는 매주 협상이 끝날 때마다 그 반에서 가장 협조적이고 뛰어난 협상력을 보인 학생이 누구인지를 물어보았다. 그 결과 처음 협상이 끝난 뒤 동료들이 협조적이라는 평판한 학생은 그 평판 덕분에 다음 협상에서도 일을 순조롭게 풀어나가는 것을 확인했다.

주변의 평판이 좋으면 협상이 매끄럽게 진행되고 협상을 타결하는데 걸리는 시간도 크게 줄어든다. "당신이 제시한 조건대로 하겠어요."라고 상대가 선뜻 받아들이기 때문에 더 설득할 필요가 없어지는 것이다.

호감을 사고 매력적인 사람이 되면 특별히 많은 말을 하지 않아도 상대는 당신이 하는 말을 쉽게 받아들인다. 그렇게 되는 것이 가장 이상적이다. 그렇게 되도록 자신을 밀고 나가야 한다.

이 책은 제목대로 '말하는 법'에 대한 기술을 소개하고 가르치는 것이 목적이지만, 정말 중요한 것은 인간으로서 좋은 평판을 얻는 것임을 다시 한 번 강조하는 바이다.

다니엘 아메스_Daniel R. Ames,_ 미국 컬럼비아 대학 교수

It's the Thought That Counts:
On Perceiving How Helpers Decide to Lend a Hand

말과 마음의 법칙 15

호의에서 나온 도움과
관계의 진전

우리는 누군가에게 도움을 받으면, '저 사람이 왜 나를 도왔을까?'라는 의문을 잠시 품게 된다. 단순한 호의와 애정 때문일까, 아니면 의무감이나 앞으로의 이익을 염두에 뒀기 때문일까 등등을 생각하게 된다. 그 사람이 도움을 준 이유를 무엇이라고 판단하느냐에 따라 그 사람과의 향후 관계도 달라진다. 이를 확인하기 위해 우리는 도움을 주고받는 네 가지 상황을 설정해 연구를 진행했다. **그 결과 상대가 나를 도운 것이 애정과 호의에서 비롯되었다고 느끼는 경우가 이해타산이나 의무감 때문에 어쩔 수 없이 도왔다고 생각할 때보다 향후 두 사람의 관계를 훨씬 더 좋게 만드는 것으로 나타났다.** 반면 도움을 받은 사람에게 가장 부정적인 생각을 낳게 한 경우는, 상대가 손익을 따져 자신에게 도움을 주었으며 더구나 그것마저 크게 도움이 되지 않았다고 판단할 때였다.

<**성격과 사회심리학 회보** _Personality and Social Psychology Bulletin_> (2004) 중에서

평소 인간관계가
중요하다

의료사건과 관련된 소송 가운데 절반 이상은 의료행위 자체의 문제가 아니라, 환자에 대한 의사의 태도나 설명 부족, 사후의 처리 미비인 경우가 원인이라고 한다.

의사가 환자에게 친절하고 성심성의를 다하는 태도를 보인다면, 설사 나중에 치료와 관련해 문제가 발생하더라도 환자 자신은 물론 환자 가족들도 크게 문제 삼지 않을 것이다.

'그 의사 선생님은 정성을 다해 열심히 치료해 주셨어.'라고 이해해주는 마음이 생기기 때문이다. 대개 허세를 부리고 권위를 내세워 환자를 막 대하는 의사들이 사건에 휘말리는 경우가 많다.

마찬가지로 평소에 이웃 사람을 만나면 반가운 얼굴로 "안녕하세요."라고 먼저 인사하고 친절하게 대하면, 설사 그 집 아이의

피아노 치는 소리가 다소 시끄럽더라도 이웃들이 이해하고 양해해 주게 된다. 요즘 이웃 간에 불미스러운 문제로 다툼이 늘고 있는 까닭은 그런 인간적인 교류가 사라졌기 때문이다.

고객들로부터 불평·불만이 접수되는 것도 마찬가지이다. 점원이 웃는 얼굴로 밝고 친절하게 대했다면 나중에 상품에 하자가 있다는 걸 발견하더라도 먼저 화부터 내기보다는 '무슨 사연이 있었겠지.'라며 너그럽게 받아들이게 된다.

결국 중요한 것은 평소의 인간관계이다. 평소에 상대와의 관계가 원만하다면, 상대에게 불평과 불만을 살 일이 생기더라도 상대가 웃고 넘어가게 되는 경우가 많다. 인간관계를 게을리하면 나중에 무슨 일이 생기더라도 도움을 받을 수 없게 된다.

어떤 문제가 발생했을 때 제대로 사과하는 것도 중요하지만, 더 중요한 것은 상대를 화나지 않게 하는 것이다.

또한 화를 내더라도 곧 수그러지게 하려면, 평소에 인간관계를 잘 꾸려놓아야 한다. 이쪽에서 먼저 상대에게 애정과 호의를 표하면 상대로 같은 식으로 반응하게 된다.

미국 컬럼비아 대학의 다니엘 아메스Daniel R. Ames 교수도 호의를 가지고 사람을 대하면 상대도 '이 사람과는 앞으로도 계속 사귀고 싶다.'는 생각을 강하게 갖게 된다고 말한다.

그런 관계가 이미 형성되어 있다면 당신이 하는 일에 대해 상대가 못마땅하게 여기는 부분이 있더라도 대화를 통해 원만하게 해결할 수 있는 것이다.

스코트 컬헤인 *Scott E. Culhane,* 미국 텍사스 대학 교수

An Alibi Witness' Influence on Mock Jurors' Verdicts

말과 마음의 법칙 16

지인 관계와 알리바이 입증

범죄혐의를 받고 있는 사람에 대한 알리바이 증언이 배심원들에게 어떤 영향을 미치는지에 대해 아직까지 면밀히 연구된 적은 없다. 이번 연구에서는 범죄혐의자와 가까운 사람이 알리바이 증언을 했을 때와 혐의자와 아무런 관계가 없는 사람이 증언을 했을 때 배심원들의 결정에 어떤 차이가 있는지를 모의 배심원들을 통해 알아보았다. **그 결과 모의 배심원들은 혐의자와 전혀 관계없는 사람이 알리바이 증언을 했을 때 무죄 평결을 더 많이 내리는 것으로 나타났다.** 혐의자와 가까운 사람이 증언을 했을 때는, 증언을 한 사람이 가족이 아니어도 그 증언에 대해 거의 신뢰를 보내지 않았다.

<**영국 응용사회심리학지** *Journal of Applied Social Psychology*> (2004) **중에서**

친하지 않은 사람들한테
좋은 평가를 받도록 하라

초콜릿 회사에서 근무하는 사람이 "초콜릿은 아무리 먹어도 살찌지 않는다."고 말하면 사람들은 그 말을 별로 믿지 않을 것이다. 자기가 몸담고 있는 회사에 유리한 발언이라고 생각하기 때문이다. 그러나 초콜릿 회사와 상관없는 사람이 그런 말을 한다면 훨씬 믿음을 갖게 된다. 이처럼 어떤 평가든 직접적으로 이해관계가 없는 사람이 내릴 때 신빙성이 높아지게 된다.

그래서 만약 자신에 대해서 좋은 소문이 나기를 바란다면, 가까운 사람에게 부탁할 것이 아니라 그다지 관계없는 사람들에게 부탁하는 것이 좋을 것이다.

어머니가 아무리 자기 자식의 뛰어난 점을 자랑해도 사람들은 그 말을 곧이곧대로 듣기보다는 '참, 바보같군.'이라고 비웃곤 한다. 가까운 사람들이 칭찬을 하면 오히려 듣는 사람으로 하여금 의심을 품게 만들기 때문에 하지 않는 것만 못할 수도 있다.

반면 다른 회사에 근무하는 사람이 "A사에 근무하는 B씨는 영업 실력이 아주 뛰어나다."고 여기저기 이야기하고 다니면 그 말을 들은 사람들은 신뢰를 하면서 '그럼 우리도 그 사람하고 거래를 터 볼까?'라는 생각을 품게 된다.

미국 텍사스 대학의 스코트 컬헤인Scott E. Culhane 교수는 가짜 재판기록을 만들어 그것을 학생들에게 읽혔다. 그 재판기록문에는 강도를 저지른 용의자에 대한 소개에 이어, 그 혐의자의 알리바이에 대한 기록이 있었다. 교수는 전체 기록 가운데 이 알리바이와 관련된 문장만 다음과 같이 두 가지로 만들어 학생들에게 나누어 주었다.

① 애인이 알리바이를 입증했다.
② 이웃이 알리바이를 입증했다.

재판기록을 다 읽고 난 학생들에게 "당신이 판사라면 유죄 판결을 내리겠는가, 무죄 판결을 내리겠는가?"라고 물었다. 결과는,

2번 문장이 들어간 기록을 읽은 학생들은 20.0%만 유죄라고 답했지만, 1번 문장이 들어간 기록을 읽은 학생들은 34.3%가 유죄라고 답했다.

이를 통해 우리는 가까운 주변 인물이 한 말은 덜 신뢰한다는 사실을 확인할 수 있다. 전혀 친하지 않은 사람들이 내는 소문이 더 높은 신뢰를 얻을 수 있다는 점을 명심하라.

매튜 혼제이 *Matthew J. Hornsey*, 호주 퀸즈랜드 대학 교수

'You can Criticize because You Care': Identity Attachment,
Constructiveness, and the Intergroup Sensitivity Effect

말과 마음의 법칙 17

동질감과 설득력의
상관관계

다른 민족, 다른 성별, 다른 조직의 사람보다는 같은 민족이나 같은 성별, 혹은 같은 조직 내의 사람에게서 비판을 받을 때, 그것을 훨씬 잘 받아들인다는 것을 이번 연구를 통해 알 수 있었다. 첫 번째 실험에서는 117명의 호주인들을 대상으로 호주라는 나라에 대한 비판적인 이야기를 들었을 때 어떤 반응을 보이는지를 조사했다. 그 결과 호주 국적인 사람보다 호주 국적이 아닌 사람이 비판하는 것에 더 부정적으로 반응하고 그 비판을 받아들이지 않으려 했다. 두 번째 실험에서는 같은 호주 국적이라도 아시아 출신인 경우와 앵글로색슨족의 경우로 나눠 조사했는데, 앵글로색슨 출신의 호주인들이 비판할 때가 아시아 민족 출신이 비판할 때보다 더 관대하게 비판을 받아들였다.

<유럽 사회심리학 저널 *European Journal of Social Psychology***>** (2004) **중에서**

상대가 아끼는 사람을
내 편으로 만들라

교육 관련 상품을 파는 세일즈맨들은 부모들보다는 어린아이들을 공략하는 경우가 많다고 한다. 왜냐하면 먼저 어린아이들을 자기 편으로 만들어두면 그들이 부모에게 "엄마, 아빠. 나 이런 교재 갖고 싶어요."하면서 조르거나 떼를 쓰기 때문이다. 아이가 영업사원을 대신해서 부모를 설득해 주는 셈이다.

주택사업의 경우에도 그렇다. 남편보다는 부인을 잘 공략하는 것이 효과적이다. 그렇게 되면 영업사원이 나서지 않더라도 부인들이 남편들에게 "여보, 이런 집이 나왔는데 아주 괜찮아 보여요. 가격도 싸고." 하는 식으로 설득하는 것이다.

마찬가지로 거래처에 당신의 편을 들어주는 사람을 만들어 놓으면, 굳이 당신이 나서지 않더라도 그 사람이 당신을 대신해서 거래처 담당자에게 당신이 하고 싶은 말을 해 주게 된다.

호주 퀸즐랜드 대학의 매튜 혼제이Matthew J. Hornsey 교수에 따르면 우리는 자신이 소속된 집단이 말하는 것은 잘 듣지만, 다른 집단이 말하는 것은 별로 귀담아 듣지 않는다고 한다. 그는 실험을 통해 호주 사람들은 같은 호주 사람이 말하는 것은 잘 받아들이지만, 같은 내용이라도 발언자가 영국인이나 캐나다인, 뉴질랜드인이면 별로 신용하지 않는다는 사실을 확인했다.

"장군을 쏘려면 우선 장군이 탄 말을 쏘라."는 말이 있다. 이것은 설득의 기술에도 그대로 적용된다.

설득하려는 대상이 당신과 일면식도 없는 생면부지의 관계라면 다소 시간이 걸리고 우회를 하더라도 먼저 그 인물의 주변 사람을 겨냥해서 당신 편으로 만들어 놓는 것이 좋다. 그러면 그 사람을 이용해 상대를 설득해 나갈 수 있다.

고집이 세고, 자기 자식이 하는 말조차 귀를 열지 않는 독불장군식 사장이라도, 어쩌면 자기 손자가 하는 말에는 약할 수도 있다. 그럴 경우에는 손자를 자기 편으로 만들어서 그 사장을 공략할 수 있다.

나는 설득의 전문가라고 하지만, 세상의 다른 남편들처럼 아내

앞에서는 기를 못 편다. 그래서 내 경우에는 아내를 설득하고자 할 때 아이들을 이용하는 경우가 많다. 내가 말할 때는 "안 돼요." 라며 고개를 젓는 아내도 아이들이 말을 하면 스르르 무너지고 마는 것이다. 잘 이용하면 아주 편리한 방법이다.

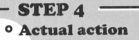
실전에선
이렇게 실천하라

상대의 귀에 꽂히게 만드는 화술의 법칙

니콜라 오벨 *Nickola C. Overall*, 뉴질랜드 오클랜드 대학 교수

Regulating Partners in Intimate Relationships:
The Costs and Benefits of Different Communication Strategies

말과 마음의 법칙 **18**

직접적이고 긍정적인
커뮤니케이션 전략

이 연구는 파트너와의 관계를 성공적으로 이끌어 가기 위해서는 어떤 커뮤니케이션 전략을 사용해야 하는지를 알아보기 위한 것이다. 우리는 61쌍의 연인들을 상대로 어떤 커뮤니케이션 전략을 쓸 때 그들의 관계가 긍정적인 방향으로 나아가는지를 조사했다. 이들 커플에게 3개월 단위로 긍정적인 커뮤니케이션 대 부정적인 커뮤니케이션, 직접적인 커뮤니케이션 대 간접적인 커뮤니케이션을 번갈아 적용하며 조사했다. **그 결과 직접적이고 긍정적인 전략은 여성들에게 선호도가 높게 나타났다. 반면 간접적이고 긍정적인 전략은 처음에는 남녀 모두에게 성공적인 것으로 받아들여졌으나 시간이 흐를수록 관계에 진전을 보이지 않았고, 오히려 둘 사이의 문제가 심각해지고 관계의 밀도도 떨어지는 것으로 나타났다.**

<성격 및 사회심리학 저널 *Journal of Personality and Social Psychology*> (2009) 중에서

에둘러서
말하지 말라

다른 사람의 마음을 움직이거나 설득을 하려고 할 때는 단순하고 직접적으로 접근하는 것이 가장 좋다. 이리저리 빙빙 돌려서 말하거나 어렵게 말할 필요가 없다.

예를 들어 식탁 위에 있는 소금을 건네 달라고 부탁할 때, 일부러 번거로운 화법을 택해서 "저기 있는 소금을 건네주시면 이 요리가 훨씬 맛있어질 것 같아요."라거나 "누가 저기 있는 소금을 건네주면 내 기분이 아주 좋아질 것 같애~."라는 식으로 말한다고 생각해보라. 얼마나 우스꽝스러울 것인가. 물론 좌중을 웃기려는 목적으로 하는 것이라면 상관없겠지만 말이다. 그럴 때는 누구나 알고 있듯이 "저기 소금 좀 건네주실래요?"라고 하면 되는 것이다.

뉴질랜드 오클랜드 대학의 니콜라 오벨Nickola C. Overall 교수는 다른 사람에게 호소하기 위해 사람들이 택하는 방식에는 다음과 같은 네 가지 범주가 있다고 했다.

① 부정적이고, 직접적인 방식 — 비판하고, 징계나 처벌을 내리고, 화를 낸다.
② 부정적이고, 간접적인 방식 — 죄책감을 일으키고, 울고, 슬픈 표정을 짓는다.
③ 긍정적이고, 직접적인 방식 — 사실을 전하고, 합리적으로 설명하고, 해결책을 제시한다.
④ 긍정적이고, 간접적인 방식 — 관점을 변화시키도록 촉구하고, 유머를 구사한다.

우리는 이 네 가지 분류 가운데 가장 좋지 않은 것은 '1. 부정적이고 직접적인 방식'일 것이라고 생각한다. 엄하게 말을 하거나 화를 내는 것은 그다지 효과적이지 않다고 일반적으로 믿고 있기 때문이다.

한편 오벨 교수의 실험에 따르면 1~2개월이 지난 뒤 조사해 본 결과 직접적인 방식이 간접적인 방식보다 더 효과적인 것으로 나타났다고 한다. 예를 들어 '긍정적이고 간접적인 방식'인 4번의 경우, 즉 유머를 섞는다든지 하는 방식으로 말한 경우는 상대에게 변화를 거의 일으키지 못했다는 것이다. 설득의 효과라는 점에서 볼 때는 좋은 방법이 아니었던 것이다.

우리는 상대의 기분을 지나치게 고려한 나머지 당의정을 입혀서 말을 하는 데 익숙해져 있다. 그러나 그렇게 돌려서 말을 하게 되면 상대는 이쪽이 생각하는 대로 이끌려오지 않는다. 사람을 변화시키려고 할 때는 에두르지 말고 직접적으로 말을 해야 한다. 그래야 상대도 이쪽의 말뜻을 분명하게 이해하게 된다.

지시할 때는
의도를 분명히 밝혀라

　점장이 점원에게 "자루걸레를 가지고 오라."고 지시한다고 하자. 점원은 창고에 가보지만 자루걸레를 찾을 수가 없다. 점원은 빈손으로 돌아와서 "자루걸레가 보이지 않습니다."라고 보고한다. 그러자 점장은 "그럼 손걸레를 갖다 줘. 마루에 묻은 물을 닦아야 하니까."라고 부탁한다. 점원은 투덜대면서 다시 한 번 창고로 간다.

　이 경우 만약 점장이 처음부터 마루의 물을 닦으려고 하니까 걸레를 좀 갖다달라고 했다면 점원이 두 번씩이나 창고로 가는 일은 없었을 것이다. 웬만한 눈치를 가진 점원이라면, 자루걸레가 없더라도 물을 닦을 수 있는 다른 걸레를 가지고 왔을 것이기 때문이다.

막 일을 마친 부하직원에게 상사가 음료수를 두 병만 사달라고 부탁한다고 하자. 그러면 부하직원은 속으로 '내가 당신 심부름꾼이야?'라고 불평하면서 가게로 갈 것이다. 가게에 가서도 심통이 나서 대충 맛없는 음료수를 고르게 될지 모른다. 그런데 음료수를 사 오자 상사가 "오늘 일하느라 고생 많았어."라며 한 병을 내밀면 기분이 어떨까? 처음부터 그렇게 말했다면 자신이 상대로부터 부림을 당한다는 언짢은 생각 없이 흔쾌히 갔다 오지 않았겠는가.

이처럼 다른 사람에게 지시를 내리거나 부탁을 할 때는 의도나 목적을 함께 설명해 주어야 한다. 그래야 상대가 일을 할 때 자기 나름의 판단을 가지고 상황에 따라 적절히 대처하고, 능동적이 될 수 있기 때문이다.

이것은 교사가 학생들에게 공부를 가르칠 때나, 축구나 야구 등 스포츠에서 코치가 선수들에게 트레이닝을 시킬 때도 적용시킬 수 있는 원칙이다. 이 과목을 왜 공부하고 이 훈련을 왜 하는지를 미리 알면 공부나 훈련을 하는 사람도 기분이 좋고, 학습 및 훈련 효과도 높아지게 된다.

또한 집안에서 부모가 아이들에게 가정교육을 시킬 때도 왜 그러해야 하는지 충분히 알아듣게 설명하면 아이들이 속으로 불평하거나 투덜거리지 않고서 따라올 것이다.

제럴드 곤G. J. Gone, **홍콩 대학 교수**

Babyfaces, Trait Inferences,
and Company Evaluations in a Public Relations Crisis

말과 마음의 법칙 19

얼굴 인상이 주는 효과

이 연구는 외모가 풍기는 인상이 회사 최고위층, 즉 CEO들에게 어떤 영향을 미치는지를 알아보기 위한 것이다. **그 결과 CEO들은 동안인 사람에게서는 정직함과 애교를 느끼는 한편, 노안인 사람들에게는 리더십을 느끼는 것으로 나타났다.** 특기할 만한 점은 상황이 바뀌어 회사가 위기에 처했을 때는 동안에 대해 처음에 가졌던 이미지가 오히려 나쁜 방향으로 작용해 신뢰감이 떨어지는 것으로 나타난 점이다.

<소비자 연구 저널 *Journal of Consumer Research*> (2008) 중에서

자신의 얼굴에 어울리는
화법을 익혀라

말하는 사람이 어떤 얼굴을 하고 있느냐에 따라 상대가 받아들이는 인상도 크게 달라진다. 아주 험상궂게 생긴 사람이 "조용히 해!"라고 말하는 것과, 귀엽게 생긴 사람이 "조용히 해!"라고 말하는 것에는 큰 차이가 있다. 목소리의 톤이나 억양이 같아도 듣는 사람이 받아들이는 느낌은 아주 다를 것이다.

따라서 우선 자신의 얼굴 모습을 파악하고, 거기에 맞게 말하는 방법을 연습하는 것이 필요하다. 그렇지 않으면 주변 사람들에게 비웃음을 살 수가 있다.

예컨대 자기 얼굴이 동안童顔이라고 생각되면 애교 있는 말투를 익히는 것이 좋다. 반대로 점잖은 얼굴을 한 사람이라면 위엄 있는 말투를 익히는 것이 좋다. 그것이 자신의 얼굴 이미지에 부합하는 화법인 것이다.

홍콩 대학의 제럴드 곤G. J. Gone 교수에 따르면, 동안인 사람은 다른 사람들에게 애교를 느끼게 하고, 성숙한 얼굴을 한 사람은 리더십을 느끼게 한다고 말한다. 따라서 만약 당신이 점잖은 얼굴을 갖고 있다면 단호한 어투로 사람을 압도하는 어법을 갖추면 좋다. 그런 사람은 부하직원들에게 말을 할 때도 "이것 해요, 저것 해요."라고 시원시원하게 지시하는 방식이 통한다.

반면 얼굴이 동안인 사람이 이런 어법을 구사하면 왠지 얼굴의 이미지와 어울리지 않아서 듣는 사람에게 제대로 먹히지 않을 수 있다. 동안인 사람이 다른 사람을 설득할 때는 "이것 좀 부탁드릴게요."라는 식으로 귀엽게 말하는 것이 어울린다. 그렇게 하면 부하직원도 속으로 '말씀도 귀엽게 하시네. 한번 해드려야지.'라는 생각을 하게 된다.

이것은 말하는 법에만 해당되는 것이 아니다. 인간에게는 누구나 자신에게 맞는 특성이라는 것이 있기 때문에 거기에 어울리는 방식을 찾는 것이 살아가는 요령이라고 할 수 있다.

동그란 눈에 어린아이 같은 얼굴을 한 사람이 험악한 얼굴의 야쿠자처럼 말하려고 애쓰는 것은 헛된 일이다. 자신의 특성에 어울리지 않는 화법을 무리하게 익히려고 할 필요는 없다.

수영을 예로 들면, 평영에 뛰어난 기술을 보이는 사람이 있는가 하면, 접영이나 배영 기술이 특출한 사람이 있다. 그 모두를 다 잘할 수 없을뿐더러 다 잘하려고 할 필요도 없다. '모든 화법을 마스터하리라.'는 욕심을 버리고, 자신의 이미지에 맞는 화법 하나라도 제대로 갖출 수 있도록 노력하자.

팝 엘스워스 *Phoebe C. Ellsworth*, 미국 스탠퍼드 대학 교수

Effects of Eye Contact and Verbal Content on Affective Response
to a Dyadic Interaction

말과 마음의 법칙 20

시선 처리에 따른 청자의 반응

흔히 '눈은 마음의 창'이라고 말한다. 그만큼 우리의 눈과 시선에는 무언의 감정이 담겨 있게 마련이다. 그렇다면 커뮤니케이션에서 시선이 차지하는 역할과 비중은 얼마나 될까? 이를 알아보기 위해 우리는 43명의 여대생을 대상으로 네 가지 경우에 대한 실험을 했다. 즉 긍정적인 내용과 부정적인 내용을 각각 전달할 때 시선을 자주 마주치면서 전달하는 경우와 적게 마주치면서 전달하는 경우에 이야기를 듣는 사람의 반응이 어떻게 다른지를 알아본 것이다. 그 결과 시선을 자주 마주치면서 긍정적인 내용을 전달한 경우에는 듣는 사람도 더 긍정적인 평가를 내렸다. 반면 부정적인 내용을 전달할 때 시선을 자주 마주치면 듣는 사람도 더 불쾌해하고 부정적으로 반응하는 것으로 나타났다.

<성격 및 사회심리학 저널 *Journal of Personality and Social Psychology*> (1968) **중에서**

불쾌한 소식을 전할 때는
시선을 피하라

'말을 할 때는 상대의 눈을 똑바로 쳐다보라.'라는 말은 널리 알려져 있다. 이 말 자체는 아무런 문제가 없다. 상대와 시선을 맞추면서 대화를 나누면 상대에게 호감을 줄 수 있다는 것은 여러 심리학 실험들에서 확인된 사실이다. 하지만 모든 규칙에는 예외가 있다고 하지 않던가. 시선을 마주치면서 대화를 하는 것이 항상 좋으냐 하면 반드시 그렇지는 않다.

시선을 맞추지 않는 것이 더 좋을 때가 있다. 언제일까? 그것은 바로 상대에게 상처를 주거나 걱정거리가 될 수 있는 말을 전할 때이다. 즉, 말하기 곤란한 말을 전할 때는 시선을 피하는 것이 상대에게 좋은 인상을 줄 수 있다.

"안타깝지만 이번 구조조정 대상에 당신이 포함됐습니다.", "미안하지만 이번 구매계약건은 파기해야겠습니다." 등과 같은 말을 전할 때는 시선을 내리깔고 아래를 보듯이 해야 한다.

미국 스탠퍼드 대학의 팝 엘스워스Phoebe C. Ellsworth 교수는 시선 처리에 따라 듣는 사람의 반응이 어떻게 달라지는지를 알아보기 위해 먼저 여학생들을 반반씩 나누었으며, 한쪽 그룹에는 사람들에게 좋은 평가를 전하게 하고 다른 그룹에게는 좋지 않은 평가를 전하도록 하는 실험을 진행했다.

구체적으로 말하면, 앞의 그룹에게는 "당신은 유능하고 독립심이 강하고 사람들에게 사랑받는 타입입니다."라는 말을 전하게 했고, 뒤의 그룹에게는 "당신은 무능하고 의존적이며 사람들에게 사랑을 받지 못할 타입입니다."라는 말을 전하게 했다.

또한 각각의 경우에 시선을 20회 맞출 때와 4회밖에 맞추지 않을 때를 비교하도록 했다.

그 결과 호의적인 평가를 전할 때는 눈을 많이 맞출수록 상대가 좋아했고, 비호의적인 평가를 전할 때는 시선을 적게 마주칠수록 상대가 좋아한다는 사실이 밝혀졌다.

상대가 기분 나빠할 만한 말을 전할 때 눈을 맞추면 상대의 기분이 더 나빠질 수 있다. 그럴 때는 시선을 다른 곳으로 돌리는 것이 서로에게 좋은 것이다.

　보통 때는 상대의 눈을 보면서 대화하는 습관을 들이도록 하라. 그러나 원만한 관계를 깨뜨릴 수 있거나 상대가 듣기에 거북한 말을 해야 할 때는 눈을 마주치지 않도록 유의하라.

제이 에프란 *Jay S. Efrana*, 미국 로체스터 대학 교수

Effect of Expectancies for Social Approval
on Visual Behavior

말과 마음의 법칙 21

눈맞춤과 사회적 승인의 욕구

우리는 33명의 남자 대학생들을 대상으로 시선 처리에 관한 연구를 진행했다. 즉 누군가로부터 자신이 인정받고 있다고 느낄 때 그 사람에게 더 많은 시선을 보내게 된다는 가정을 세우고 이를 확인해보고자 했던 것이다. 우리는 참가자 33명으로 하여금 5분간 자신에 관한 이야기를 하도록 했다. 청중은 연구를 돕고 있는 조교 두 사람이었다. 우리는 학생들이 말을 하기 전에 먼저 조교 두 사람 중 한 사람과 편안하게 이야기를 나누면서 친밀한 시간을 갖도록 했다. 다른 조교와는 전혀 말을 섞지 못하게 했다. 그 결과 학생들은 5분간 이야기하면서 먼저 친밀한 관계를 쌓았던 조교에게 눈길을 훨씬 더 많이 준다는 것을 알게 되었다. **이 결과는 누군가에게 인정받고 있음을 느낄 때 그 사람에게 더 많은 시선을 주게 된다는 애초의 가정을 확인해 주었다.**

<성격 및 사회심리학 저널 *Journal of Personality and Social Psychology*> (1966) 중에서

단상에 올라가면
일단 한 사람을 공략하라

연설을 하려고 단상에 올라섰을 때 가장 먼저 할 일은 앞자리에 앉아 있는 사람들 가운데 자신과 눈길을 자주 마주치는 사람을 찾는 것이다. 그런 다음 그 사람을 향해서 말을 건다는 느낌으로 연설을 하면 초반의 긴장을 푸는 데 큰 도움이 된다.

나도 이런저런 연설을 할 기회가 많은데, 그럴 때는 우선 나와 자주 눈길을 마주치는 사람을 찾아 그 사람을 향해 말을 하게 된다. '불특정 다수'를 상대로 하지 않고 1대1로 이야기하는 것 같은 느낌을 가질 수 있기 때문에 마음이 훨씬 편해진다.

프레젠테이션을 할 때도 주변을 둘러보면 자신에게 호의적인 시선을 던지는 사람이 적어도 한 사람 정도는 있기 마련이다. 그러면 그 사람을 향해 프레젠테이션을 한다는 마음을 갖고, 그 사람을 향해 말을 거는 식으로 하면 좋다. 일단 그렇게 해서 긴장이

풀리면 조금씩 그 사람 주변으로 시선을 넓혀가면서 마침내 전체를 대상으로 말을 걸면 된다.

그렇지 않고 처음부터 불특정 다수를 향해 말을 하게 되면 대부분의 사람들은 가벼운 패닉 상태에 빠지게 된다. 많은 사람의 시선이 일제히 자신에게 몰리기 때문에 당황하게 되는 것이다.

미국 로체스터 대학의 제이 에프란Jay S. Efrana 교수도 "사람들 앞에서 연설을 할 때는 자신에 대해 호의를 가진 사람을 향해서 말을 하는 것이 좋다."고 주장한다. 그래야 긴장하지 않기 때문이다.

연설에 경험이 적고 익숙하지 않은 이들에게는 많은 사람들 앞에서 말을 하는 것이 참 고통스러운 일이다. 나는 보통 사람에 비해 연설을 많이 해봤지만 여전히 강연이나 연설을 하기 위해 많은 사람들 앞에 나설 때면 바짝 긴장하게 된다. 이것은 아마 평생을 가도 고치지 못할 것이다. 따라서 처음부터 전체를 대상으로 눈을 맞추려고 하지 말고 소수라도 자기 편이 될 사람을 찾아 그들을 향해 말을 하는 것이 좋다.

잡지사에서 나를 취재하러 오면 편집자나 기자, 사진작가 등이 동석하게 되는데, 그때도 역시 내가 말을 걸기 가장 편한 상대를 찾은 다음 그 사람을 향해서 말을 하려고 한다. 처음엔 나머지 두 사람을 아예 무시하는 것처럼 보일 수도 있다. 하지만 그러는 사이에 긴장이 조금씩 풀리면 나머지 사람을 향해서도 시선을 줄 수 있는 여유가 생긴다.

결혼식처럼 친구나 지인들도 참석한 장소에서 연설을 해야 할 때는 친구들을 향해서 말을 걸듯이 연설을 하는 것도 좋은 방법이다. 전혀 모르는 사람을 향해서 말을 하는 것보다 덜 긴장하기 때문이다.

분명히 말하지만, 연설하는 것이 쉬운 사람은 이 세상에 아무도 없다. 편안하고 쉽게 연설하는 것처럼 보이는 사람도 알고 보면 나름대로 속으로는 매우 긴장하고 있다. 다만 그렇지 않은 척할 뿐이다.

빌헬미나 워신스카 *Wilhelmina Wosinska*, 미국 애리조나 주립대학 교수

Self-Presentational Responses to Success in the Organization:
The Costs and Benefits of Modesty

말과 마음의 법칙 22

겸손함과 호감의 법칙

어떤 조직에서 자신을 드러낼 때 겸손하게 행동하면, 조직 안에서 인정받고 성공할 가능성은 확실히 높아진다. 그러나 그 효과는 겸손함이 어느 정도이냐에 따라, 여성인지 남성인지에 따라, 평가하는 사람이 어떤 지위에 있느냐에 따라 달라진다는 것을 이번 연구에서 확인할 수 있었다. 우리는 오만한 직원, 적당히 겸손한 직원, 매우 겸손한 직원 등 세 부류로 나눠 각각의 케이스들을 조사했다. **그 결과 예상했던 대로 건방진 직원이 가장 낮은 평가를 받았고, 매우 겸손한 직원의 경우에는 특히 그 직원이 여성이고 평가자가 동료직원일 때 가장 높은 평가를 받았다.** 반면 적당히 겸손한 직원의 경우에는 특히 그 직원이 남성이고 평가자가 상사일 때 가장 높은 평가를 받았다.

<기본 및 응용 사회심리학 *Basic and Applied Social Psychology*> (1996) **중에서**

물음표로 끝나는
의뢰형 표현을 쓰라

물건을 사고 신용카드로 지불할 때 "여기 사인 좀 해주세요."라는 말을 듣게 된다. 어떤 사람은 그때 기분이 상할지도 모른다. 또는 어느 회사를 방문했을 때 접수계에서 "저기 앉아서 기다려 주세요."라는 말을 들으면 왠지 기분이 석연치 않게 된다.

나는 병원 접수계에서 "저기서 기다려 주세요."라는 말을 들으면 공연히 화가 난다. 그래서 그대로 집으로 돌아온 적도 있다.

"~해주세요."라는 말은 겉으로는 친절하고 공손해 보이는 표현이지만 결국은 명령형이다. 그래서 그런 말을 들으면 상대로부터 뭔가 가볍게 취급되고 있다는 느낌을 받게 된다.

같은 말이라도 다음과 같이 하면 어떨까? 명령형이 아니라 의뢰형으로 말이다.

"여기에 사인 좀 해주시지 않겠습니까?", 혹은 "저기서 기다려 주실 수 있겠습니까?"라는 식으로 말을 하면 듣는 사람의 기분도 한결 나아질 것이다.

미국 애리조나 주립대학의 빌헬미나 워신스카Wilhelmina Wosinska 교수는 겸손한 사람이 호감을 받는 것은 분명하다고 역설한다. 따라서 사람들에게서 겸손하다는 평을 받기 위해서는 "~해주세요."보다는 "~해 주시지 않겠습니까(또는 ~해 주실 수 있겠습니까)?"라는 표현을 자주 사용해야 한다고 강조한다.

두 표현 사이에는 단어 몇 개의 차이밖에 없지만, 상대가 받아들이는 인상에는 하늘과 땅만큼이나 큰 차이가 난다.

물론 "저기서 기다려요."보다는 "저기서 기다려 주세요."가 더 친절한 표현이지만, 거기에는 친절함을 가장한 명령형의 꺼림칙한 의미가 도사리고 있다.

나는 전화를 걸었을 때 상대편이 "잠깐만 기다려 주세요."라고 하는 표현도 싫어 한다. "잠깐만 기다려주시지 않겠습니까?"라는 좋은 표현이 있는데 왜 명령의 뜻이 담긴 그런 표현을 쓰는지 이해가 안 될 때가 많다.

사람들에게서 호감을 사는 사람은 이런 잘못을 저지르지 않는다. 그들은 자연스럽게 의뢰형 표현을 사용한다.

당신도 "~해주세요."라는 표현이 친절한 표현이니까 괜찮지 않느냐고 안이하게 생각하지 말고 "~해주시지 않겠습니까?"라는 의뢰형을 자주 사용해주길 바란다.

다니엘 하워드 D. J. Howard, 미국 서던메서디스트 대학 교수

What's in a Name? A Complimentary Means of Persuasion

말과 마음의 법칙 23

설득의 한 방법 : 이름 부르기

우리는 세 가지 실험을 통해 누군가의 '이름을 기억하고 있는 것'이 상대에게 부탁을 할 때 어떤 효과를 가지는지를 살펴보았다. 첫 번째 실험은 서로 이름을 기억할 가능성이 높은 경우, 두 번째 실험은 이름을 기억할 가능성이 높지 않은 경우, 세 번째 실험은 상대가 자신의 이름을 기억하는 것에 대해 대단히 자부심을 느끼는 경우로 설정했다. 그 결과 첫 번째 실험에서는 상대의 이름을 부르면서 물건을 구매해달라고 하면 승낙할 가능성이 더 높았지만, 그렇다고 이름을 부르지 않아 승낙률이 떨어지는 것은 아니었다. **반면 두 번째와 세 번째 경우에서는 모두 이름을 부를 때 물건을 구매해주겠다고 응낙하는 비율이 그렇지 않은 경우보다 훨씬 높게 나왔다.**

<소비자 연구 저널 *Journal of Consumer Research*> (1995) 중에서

부탁할 때는
상대의 이름을 부르자

한 번이라도 만난 적이 있는 사람과 다시 만났을 때는 반드시 상대의 이름을 불러줘야 한다. 첫 번째 만남에서 이미 명함을 교환했기 때문에 안면이 있는 만큼 이름을 부르는 것이 당연하다.

두 번째 만났는데도 "저기 죄송하지만, 성함이 어떻게 되시죠?"라고 묻는 것은 대단한 결례다. 이름을 기억하지 못하는 것은 '나는 당신에게 흥미가 없다.'는 것을 뜻하기 때문에 상대의 기분이 좋을 수가 없다. 상대의 이름을 기억해 두었다가 다시 만났을 때 이름을 불러주면, '이 사람은 나를 기억하고 있구나.'라며 감격하게 되는 것이다.

미국 서던메서디스트 대학의 다니엘 하워드D. J. Howard 교수는 다음과 같은 실험을 했다. 실험의 내용은 대학 교수가 학생의 이름을 부르면서(혹은 이름을 부르지 않으면서) "미안하지만 쿠키

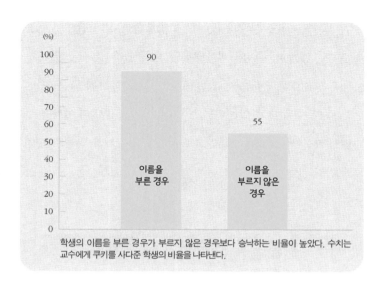

90

이름을
부른 경우

55

이름을
부르지 않은
경우

학생의 이름을 부른 경우가 부르지 않은 경우보다 승낙하는 비율이 높았다. 수치는
교수에게 쿠키를 사다준 학생의 비율을 나타낸다.

좀 사다줄래?'라고 부탁하는 것이었다. 그러자 위 그래프와 같은
결과가 나왔다.

교수가 학생의 이름을 부른 경우에는 90%의 학생이 부탁을 들
어주었지만, 이름을 부르지 않았을 때는 55%만이 부탁을 들어주
었다.

우리는 자신의 이름을 불러주는 사람에 대해서 '이 사람이 부탁
하는 것을 들어주고 싶다.'고 느끼는 데 반해 이름을 불러주지 않
으면 그런 기분을 덜 느끼게 된다.

부탁을 했는데도 상대가 들어주지 않으면 자신이 상대의 이름을 불러주었는지 아닌지 생각해볼 필요가 있다. 부탁을 잘하는 사람은 "저기, 부탁할 것이 있는데……."라고 말하지 않는다. 대신 "○○씨, 부탁할 게 있는데……."라는 식으로 상대의 이름을 부르면서 말을 시작한다. 그것만으로도 상대의 승낙을 받을 확률이 크게 높아지게 된다.

존 쉐배트 *J. C. Chebat*, 캐나다 심리학자

Missing Information can be More Persuasive

말과 마음의 법칙 24

광고성 정보와 구매 의욕

우리는 광고성 정보의 유무가 물건을 구매하는 데 어떤 영향을 미치는지를 알아보기 위해 실험을 진행했다. 구체적으로 [구매 동기가 낮은 경우/ 구매 동기가 높은 경우] × [충분한 정보가 제공되는 경우/ 불충분한 정보가 제공되는 경우]라는 네 가지 상황을 설정했다. **그 결과 구매 의욕이 높은 사람일수록 광고성 정보를 활용하지 않고 스스로 부족한 정보를 찾아서 메우려는 경향을 보였다. 반면 구매 동기가 낮은 사람일수록 제공되는 광고성 정보를 모두 활용하려는 모습을 보였다.**

<심리 보고서 *Psychological Reports*> (2003) 중에서

부하직원이 스스로 결정할
여지를 많이 줘라

　필요한 물건을 사러 가게에 갔을 때, 점원이 "이거 어떠세요?"라고 하면 왠지 추천한 물건은 사고 싶지 않은 기분이 들 때가 많다. 다른 사람의 생각이나 의견에 떠밀려서 물건을 사고 싶지 않기 때문일 것이다.

　어린 시절 어머니가 "빨리 공부해."라고 말하면 공부하려고 했다가도 갑자기 반발심이 생겨서 책을 펴기도 싫어지거나, "빨리 밥 먹어."라는 말을 들으면 식욕이 싹 가시는 느낌이 드는 것도 같은 심리일 것이다. 우리에게는 다른 사람의 명령에 따라 움직이는 것을 매우 싫어하는 심리가 있다.

　흔히 사람들을 움직이려고 할 때 "~해."라거나 "~하세요."라고 명령조로 말하는 경우가 많은데, 그것은 되레 역효과를 부른다.

오히려 상대에게 맡겨 놓는 것이 더 효과적이다. 앞의 예처럼 밥 먹으라는 직접적인 말 대신 "식탁 위에 저녁식사 차려놨어."라고 사실만 전달하는 것이 듣는 사람을 움직이는 데는 더 낫다.

부하 직원을 가르칠 때도 하나하나 세세하게 설명할 필요가 없다. 큰 테두리만 알려주고 나머지는 맡겨 놓아야 한다. 무리하게 강하게 밀어붙이지 않는 것이 부하 직원의 반발심을 초래하지 않으면서 일도 효율적으로 진행시킬 수 있는 요령이다.

캐나다 출신의 심리학자인 존 쉐배트J. C. Chebat 교수는 설명이 약간 부족할수록 설득 효과는 더 높아진다고 주장한다. 그래야 상대의 반발을 피할 수 있기 때문이라는 것이다.

양복을 사러 갔을 때 점원이 달라붙어서 이것은 옷감이 어떻다느니, 바느질이 어떻다느니 하면서 일일이 설명하면 나는 금방 기분이 상해버린다.

"이 DVD는 최신작이에요. 아주 재미있습니다.", "저 책은 베스트셀러이고 서평도 좋습니다."와 같은 말을 들으면 갑자기 사고 싶은 마음이 싹 사라진다. 이것은 나뿐만 아니라 많은 사람들이 느끼는 감정이라고 생각한다. 다른 사람에게 강하게 권유받으면 모든 것이 싫어지는 심리가 사람들에게는 있기 때문이다.

역설적이지만, 다른 사람을 설득하고 싶다면 오히려 설득하지 말고 내버려두는 것도 좋은 방법이다. 강하게 밀어붙이기보다는 방임하는 편이 원하는 결과를 얻는 데 더 좋은 방법일 수 있다.

바스 반 덴 푸테 Bas van den Putte, 네덜란드 암스테르담 대학 교수

Developing Successful Communication Strategies:
A Test of an Integrated Framework for Effective Communication

말과 마음의 법칙 25

구체적 행동으로
설득력을 높이는 전략

소비자들이 제품을 선택하는 과정에서 어떤 전략을 가장 애용하는지, 사회심리학의 모델에 기반한 설득의 메시지가 실제로 얼마나 효과적인지에 대해서는 과학적으로 입증된 게 거의 없었다. 그래서 이번 연구에서는 광고 연구와 사회심리학에서 제기한 공식과 모델을 활용해 효과적인 설득을 위한 틀을 만들어보고자 했다. 특히 피실험자들로 하여금 초콜릿을 사 먹게 하는 상황을 만들어 어떤 광고 전략이 소비자들에게 가장 설득력이 있는지를 살펴보았다. **그 결과 말로 일일이 설명하는 방식보다는 구체적인 행동을 보여주는 것이 소비자들의 구매 의욕을 높이는 데 더 효과적이라는 사실을 확인할 수 있었다.**

<영국 응용사회심리학지 *Journal of Applied Social Psychology*> (2005) 중에서

행동으로 말하라

"용장勇將 밑에 약졸弱卒 없다."는 말이 있다. 장군이 선두에 서서 돌진하면 장군을 바라보고 있던 병사들이 덩달아 용감하게 전투에 나서게 된다는 의미이다.

직원들에게는 '경비절감'을 열심히 외치면서도 자신은 회사 경비로 비싼 식사를 서슴지 않는 경영자가 있다고 해보자. 그런 경영자를 보고서 직원들이 경비절감에 진심으로 나서겠는가.

'사장이 회삿돈을 물 쓰듯 하고 있는데 우리들이 이 정도 쓰는 거야 뭐 문제될 게 있겠어?'라고 생각하게 될 것이다.

결국 입으로 아무리 떠들어봤자 먹히지 않는다. 자신의 행동으로 말해야 한다. 부하 직원들은 상사의 입이 아니라 상사의 등을 보고 따라하는 것이다.

네덜란드 암스테르담 대학의 바스 반 덴 푸테Bas van den Putte

교수는 "이 초콜릿은 아주 맛이 좋다."라고 말로 설득하기보다 초콜릿을 맛있게 먹는 모습을 보여주는 것이 '나도 저 초콜릿을 먹고 싶다.'는 생각을 훨씬 강하게 불러일으킨다는 사실을 실험으로 보여주었다. 입으로 설득하지 않는 것이 설득에 더 효과적인 사례는 현실에서 자주 목격할 수 있다.

자신의 행동으로 다른 사람을 설득하려고 하라. 말로써 강하게 밀어붙인다고 설득이 되는 것은 아니다. 아이들에게 "공부 좀해."라고 하지 말고 부모 자신이 책상에 앉아 책을 읽는 모습을 보여주라. 책 읽는 부모의 뒷모습을 보고 자란 아이는 독서를 좋아하는 아이로 성장하게 된다.

아이들에게는 공부하라고 하면서 부모는 TV를 보면서 즐거워한다면 말과 행동이 모순되는 것이다. 그런 모순을 부모 자신은 모르고 지나치겠지만 그것을 지켜본 아이는 알고 있는 것이다.

행동은 그 사람의 생각을 반영한다. 따라서 구태여 입으로 말하지 않더라도 행동을 통해 상대에게 자신이 말하고 싶은 것을 전달할 수 있다.

"나는 동물이 좋다."고 굳이 말하지 않아도 개를 보면 머리를 쓰다듬어주고 가슴에 안아주는 모습을 보고서 사람들은 '저 사람은 개를 좋아하는구나.'라고 알게 된다.

"자신의 일을 사랑하라. 자신의 일을 소중하게 생각하라."고 부하 직원에게 말하지 않더라도 당신이 매일 즐겁게 일하고, 가슴을 활짝 펴고서 자기 일에 자부심을 느끼는 모습을 보이면, 부하 직원들은 당신이 말하고자 하는 것을 모두 이해하게 되리라고 믿는다.

존 딕슨 John A. Dixon, 영국 랭커스터 대학 교수

The Effect of Accent Evaluation and Evidence
on a Suspect's Perceived Guilt and Criminality

말과 마음의 법칙 26

말투와 억양에 따른
범죄혐의 판단

우리는 범죄혐의자의 말투와 억양, 증거의 충분성, 범죄자의 사회적 지위가 보통 사람들이 유무죄를 판단하는 데 어떤 영향을 미치는지를 알아보는 실험을 했다. 우리는 먼저 범죄혐의자(남자)와 경찰이 주고받는 대화를 테이프에 녹음했다. 테이프에는 [말투와 억양: 영국 지방 사투리/ 영국 표준말] × [증거의 형태: 범죄의 증거가 강한 경우/ 약한 경우] × [혐의자의 지위: 블루칼라/ 화이트칼라]의 8가지 다른 상황이 각각 녹음돼 있었다. 이것을 영국 대학생 199명에게 들려주었다. **그 결과 실험에 참가한 학생들은 증거의 형태나 혐의자의 지위와 상관없이, 표준말을 쓰는 혐의자보다는 지방 사투리를 쓰는 혐의자가 범죄를 저질렀을 가능성이 더 높다고 평가했다.**

<사회심리학 저널 Journal of Social Psychology> (2004) 중에서

상대방의 말투와 어울리는 말투를 쓰라

나는 지방 사투리를 듣는 것을 좋아한다. 표준말에서는 찾을 수 없는 그 지방 특유의 구수한 맛을 느낄 수 있기 때문이다. 연예인들 중에도 사투리 쓰는 것을 부끄러워하지 않고 오히려 드러내는 사람이 있는데 그런 경우에는 '저 사람은 순박하군.'이라는 인상을 갖게 된다.

그렇지만 수도권에서 생활하고 있다면 사투리보다는 표준말로 대화를 하는 것이 좋다. 왜냐하면 사투리를 쓰는 것만으로도 자신의 평가를 떨어뜨릴 수 있다는 조사 결과가 있기 때문이다.

영국 랭커스터 대학의 존 딕슨John A. Dixon 교수는 표준어로 대화하는 사람과 버밍엄 사투리를 쓰는 사람의 목소리를 녹음한 뒤이를 사람들에게 들려주고 평가를 부탁했다. 그러자 버밍엄 사투리를 쓰는 사람에 대한 평가가 더 낮게 나났다는 것이다.

이 실험 결과를 따르자면 표준어를 사용하면 적어도 이유 없이 낮은 평가를 받게 되지는 않는다는 것을 알 수 있다.

왜 사투리를 쓰면 인상이 나빠질까?

그 이유는 '이 사람은 나와는 다른 타입의 사람이군.'이라는 생각을 상대가 하기 때문이다. 그런 생각이 그 사람과의 심리적인 거리를 넓히는 쪽으로 작용하는 것이다.

시골 아이가 도시로 전학하면 처음에는 따돌림의 대상이 되기 쉬운데, 그가 쓰는 말이 도회지 아이들과 달라서 이질감을 주기 때문이다.

우리는 자신과 다른 언어를 쓰는 사람을 심리적으로 멀리하려는 본능을 가지고 있다. 그러나 시골 아이가 점점 표준어를 익히게 되면, 도회지 아이들도 자기네와 같은 부류로 시골 아이를 받아들이면서 사이좋게 지내게 된다.

그런데 사실을 얘기하자면, 사투리를 쓰기 때문에 따돌림을 당하는 것이 아니라 주변 사람들과 다른 말을 쓰기 때문에 배척당하는 것이다. 만약 도회지 아이가 시골로 전학가면 그 아이 역시 처음에는 시골 아이들에게 따돌림을 당하게 된다. 그러다 사투리를 익혀서 잘 쓰게 되면 또래 집단에서 받아주게 된다.

이처럼 상대와 같은 말을 사용하는 것이 중요하다. 상대에 따라 표준말도 사투리도 모두 구사할 수 있다면 가장 이상적일 것이다. 말투에서 비롯되는 '이질감'과 '동질감'의 관계를 이해한다면, 영어회화나 외국어를 배우는 것도 좋지만 우리나라 각 지방의 사투리를 배워두는 것도 좋지 않을까 생각한다.

알프레드 인호프 *Albrecht W. Inhoff*, 미국 매사추세츠 대학 교수

Contextual Effects on Metaphor Comprehension in Reading

말과 마음의 법칙 27

비유적 표현이
맥락 이해에 미치는 영향

우리는 실험에 참가한 사람들에게 긴 문장과 짧은 문장을 주고, 문장을 이해하는 속도를 측정했다. 각 문장들은 비유적인 표현을 쓴 것과 비유적인 표현을 전혀 쓰지 않는 것으로 구별해 구성했다. **그 결과 참가자들은 비유적인 문장으로 표현돼 있는 것을 그렇지 않은 문장보다 더 빨리 이해하는 것으로 나타났다.** 특히 긴 문장일 때 속도의 차이가 크게 나타났다. 또한 비유적인 문장의 경우에도 그 다음에 계속 비유적인 문장이 나타나는 경우가 그렇지 않은 경우보다 속도가 더 빠른 것으로 조사됐다.

<기억과 인지 *Memory & Cognition*> (1984) **중에서**

비유를 익혀뒀다가
제대로 활용하라

상대가 이해하기 쉽도록 이야기하려면 비유를 적절히 구사할 줄 알아야 한다. 일상생활에서도 말을 잘하는 사람을 보면 비유가 능하다는 것을 알 수 있다.

글도 마찬가지다. 뛰어난 문장가들은 비유의 달인인 경우가 많다. 아무리 전문적인 내용이라도 비유적으로 설명이 된 책은 읽기가 쉽다.

예를 들어 "지구는 매년 몇 백만 핵타르ha 규모로 사막화가 진행 중이다."라고 돼 있으면 단위와 수치에 밝은 사람이나 부동산 업자 같은 사람이 아니면 감을 잡기가 쉽지 않다.

대신 "지구는 매년 도쿄와 오사카를 합친 면적만큼 사막화가 진행되고 있다."는 식으로 기술하면 보통 사람도 '아, 그 정도로 사막화가 급속히 진행되고 있구나.'라고 감각적으로 퍼뜩 알아차리게 된다. 또 다른 예를 들어 보자.

"지구에 인간이 탄생한 것은 200만 년 전이지만, 지구의 역사
가 45억 년이라는 점을 감안하면 거의 한순간에 지나지 않는다."
라는 글을 읽어도 대개는 감이 잘 잡히지 않는다.

'200만 년'이라거나 '45억 년' 같은 숫자가 나오면 너무 아득한
수로 느껴져 머리가 멈춰버리는 것 같기 때문이다. 그래서 인류
의 탄생이 지구의 역사로 보면 아주 최근의 일이라는 사실이 쉽
게 와 닿지 않는다.

대신에 다음과 같이 비유적으로 쓰면 느낌이 달라진다.

"지구의 역사인 45억 년을 1년이라고 해보자. 그러면 인간이
탄생한 시점은 12월 31일 밤 11시 57분 40초가 된다."

이 글을 읽으면 인간이 자연계의 일부가 된 것이 극히 최근의
일이라는 것을 손쉽게 머리에 그릴 수 있게 된다.

미국 매사추세츠 대학의 알프레드 인호프Albrecht W. Inhoff 교수
는 비유를 활용한 문장이 얼마나 독자들의 이해도를 높이는지 구
체적인 데이터로 보고한 적이 있다. 특히 호흡이 긴 문장의 경우
에도 비유적 표현을 사용하면 빨리 이해할 수 있었다고 한다.

아무튼 비유를 사용하는 것은 말을 능숙하게 하기 위한 첫걸음

이라고 해도 과언이 아니다.

대화를 나눌 때 상대가 "그건 무슨 의미죠?"라는 질문을 자주 던진다면, 당신의 말이 어렵다는 증거라고 할 수 있다. 그럴 때는 어떻게 비유적으로 설명할 수 있을지를 고민해 보는 것이 좋다.

엉뚱한 비유를 끌어들여 주목을 끌어라

어떤 주장을 펼칠 때 완전히 관계없는 이야기를 끌어들이는 것도 나쁘지 않은 방법이다. 다음과 같은 주장을 예로 들어보자.

"올림픽경기를 비롯한 각종 스포츠대회에서는 선수가 약물을 복용하는 것을 엄격히 금지하고 있다. 몇몇 선수가 약물을 복용하게 되면 '경쟁의 공정성'이 무너지기 때문이다. 모든 선수는 순수하게 경기력으로만 승부해야 하는 것이다. 그런데 생각해보면 학교 이외에 학원에 다닌다거나 가정교사에게 과외를 받는다거나 하는 것도 선수가 약물을 복용하는 것과 다를 바가 없다. 집이 가난해서 학원에 갈 형편이 안 되고 과외를 받을 처지도 안 되는 학생들은 학교 이외에는 갈 수 없기 때문이다. 따라서 학생들을 공정하게 경쟁시키기 위해서는 선수들의 약물복용을 금지하듯이 학원을 없애고 과외를 금지시켜야 한다."

위의 예는 학생이 학원에 다니거나 과외를 받는 것을 선수가 약물을 복용하는 것과 같은 것으로 치부하고 있다. 완전히 엉뚱한 비유를 끌어들이고 있는 것이다. 그런데 논리적으로는 비약이 있고 뭔가 아귀가 맞지 않는데도 듣는 사람을 묘하게 설득하는 구석이 있다.

이런 예도 들 수 있다. "우리 국민들은 과거에 다시는 젊은이들을 전쟁터로 내몰지 말자고 맹세했었다. 그렇다면 '입시전쟁'이라는 전쟁터에도 우리 아이들을 내몰아서는 안 된다."

이 또한 국가 간의 전쟁을 입시생들의 전쟁과 동일한 선상에 놓고 비교하고 있기 때문에 논리적으로 정확하다고 할 수 없지만, 뭔가 듣는 사람으로 하여금 '과연!' 하면서 납득시키는 부분이 있다.

논리학이나 수사학을 제대로 배운 사람들은 이런 주장의 허점을 금방 알아채고 속지 않겠지만, 보통 사람들은 그 정도까지 논리적으로 치밀한 사고를 하지는 않는다. 그렇기 때문에 위의 예처럼 논리적으로 좀 빈 구석이 있지만 뭔가 듣는 사람의 마음을 움직이는 주장에 대해 쉽게 받아들이게 된다.

따라서 논리적인 비약이 있다 싶더라도 조금 엉뚱한 비유를 끌어오는 것은 상대를 설득할 수 있는 좋은 무기가 된다. 하지만 너무 자주 사용하면 신선한 맛이 떨어질 우려가 있다.

앤드류 콜먼 *Andrew M. Colman*, 영국 레스터 대학 교수

Asymmetric Dominance and
Phantom Decoy Effects in Games

말과 마음의 법칙 28

선택지 추가와 선택 유도

**이번 실험을 통해 우리는 단 두 개 가운데 하나를 선택해야 할 때 제3의 선택
사항을 추가하면 원하는 방향으로 상대의 선택을 유도할 수 있다는 사실을
알아냈다.** 즉 X와 Y 둘 중에서 하나를 선택해야 할 때, X보다는 떨어지지만
Y보다는 괜찮은 제3의 선택요소 Z를 추가하면 X를 선택할 가능성이 더 높아
진다는 것이다. 72명이 참가한 첫 번째 실험과 81명이 참가한 두 번째 실험
모두에서 제3의 선택지를 추가했을 때, 처음의 선택과는 다른 선택을 하는
참가자들이 늘어난 것을 확인할 수 있었다.

<조직 행동과 의사결정 프로세스 *Organizational Behavior and Human Decision*

Processes> (2007) 중에서

미끼가 되는 선택지를 추가하라

X와 Y, 이 두 가지 가운데 하나를 선택해야 할 때 여기에 새로운 선택지를 하나 더 추가하면 선택의 방향이 달라진다. 즉 둘 중에서 하나를 선택해야 할 때와 셋 중에서 하나를 선택해야 할 때는 결과가 달라진다는 것이다. 게임이론에 나오는 내용이다. 예를 들어 다음과 같은 두 개의 휴대전화가 있다고 하자.

X : 휴대전화 본체 가격은 120달러, 통화료는 1분당 15센트.
Y : 휴대전화 본체 가격은 100달러, 통화료는 1분당 25센트.

이 경우 "어느 쪽 휴대전화를 선택하시겠습니까?"라고 물으면 대부분 사람들은 Y를 택한다고 한다. 사람들은 본체 가격이 싼 것을 선호하기 때문이다. 그러나 여기에,

Z : 휴대전화 본체 가격은 140달러, 통화료는 1분당 20센트.

라는 선택지를 추가하면, 이번에는 X를 선택하는 사람이 더 많다고 한다. Z에 비해 X가 두 가지 면에서 더 뛰어나기 때문이다.

이것은 심리학자 앤드류 콜먼Andrew M. Colman이 행한 실험에서 확인된 것으로, 새로운 선택지를 추가하면 상대의 선택을 어느 정도 자신이 원하는 방향으로 유도할 수 있다는 것이다. 즉 두 가지 선택 사항 중에서 상대가 이쪽이 원하지 않는 방향으로 선택할 가능성이 있을 때, 그런 위험성을 피하기 위해 '미끼'가 될 수 있는 다른 선택지를 추가하는 전략을 말한다.

공부를 싫어하는 자식에게 부모가 "대학에 진학할래? 취직을 할래?"라고 물으면, 자식은 취직을 선택할 확률이 높다. 공부하는 것이 싫기 때문이다. 그러나 부모로서는 자식이 대학에 진학하기를 바란다. 이럴 때 위의 두 가지 선택 사항 외에 '미국 유학'을 추가하면 어떻게 될까? 그러면 이번에는 자식이 미국 유학을 가겠다고 대답할 수 있다. 부모 입장에서는 자식이 미국에 유학 가서 공부에 흥미를 느껴 다시 대학에 진학하고 싶어질 지도 모르니까 취직하겠다고 할 때보다는 더 낫다고 할 수 있다.

이처럼 '미끼'가 되는 선택지를 추가하면 상대를 자신이 마음먹은 방향으로 유도할 수 있다는 점을 기억해 두기 바란다.

마크 리어리 *Mark R. Leary*, 미국 웨이크포레스트 대학 교수

Boredom in Interpersonal Encounters:
Antecedents and Social Implications

말과 마음의 법칙 29

따분한 사람과
재미있는 사람의 차이

우리는 473명의 대학생들을 상대로 어떤 경우에 사람들과의 만남이 따분하게 느껴지는지를 조사했다. 첫 번째 실험에서는 43명의 행동을 보여주고 그들이 어느 정도로 따분한지를 평가하도록 했다. 그 결과 9가지 요소에 따라 따분함의 정도를 평가하는 것으로 나타났다. 예컨대 수동성, 갑갑함, 엉뚱한 이야기, 환심을 사려는 태도, 진지함, 자기중심주의, 자기심취, 진부함, 정서적인 빈약함 등이었다. **특히 자기중심주의와 진부한 행동을 가장 따분한 요소로 평가했다.** 두 번째 실험에서는 52개의 대화를 들려주고 어떤 대화가 가장 따분한지를 평가하도록 했다. 그 결과 질문을 많이 하거나 아는 체를 많이 하는 사람에 대해 지루하다는 평을 내렸다.

<성격 및 사회심리학 저널 *Journal of Personality and Social Psychology*> (1986) **중에서**

단순 - 명쾌 - 반복,
이 세 가지를 기억하라

그림책이나 동화책은 아이들이 이해하기 쉽고 재미있어야 한다. 아이들 책이 이해하기 쉽고 재미있는 것은 단순한 이야기를, 명쾌하게 서술하고, 중요한 대목은 반복해서 보여주기 때문이다. 즉 단순, 명쾌, 반복 이라는 세 가지 기본요소를 모두 갖추고 있기 때문이다. 게다가 의성어나 의태어, 감탄사 등을 구사해 이야기의 분위기를 더욱 고조시킨다. 단순, 명쾌, 반복은 동화책뿐만 아니라 말하기의 기본요소이기도 하다. 그래서 그림책이나 동화책은 말하는 법을 익히는 데 아주 유용한 참고서가 된다. 대화의 기술을 높이고 싶다면 그림책이나 동화책을 많이 읽고 거기서 배우는 것도 한 방법이다.

"저녁부터 비구름이 발생해 국지적으로 큰 비가 내리는 곳이 있대. 외출할 때 우산을 준비하는 걸 잊지 않도록 해."라고 무미

건조하게 말하는 것보다 "저녁이 되면 비구름이 뭉게뭉게 피어나서 점점점점 커지다가 비를 쏴~하고 뿌리게 된대. 우산을 꼭, 꼭 챙기도록 해."라고 말하면 말하는 사람도, 듣는 사람도 재미있게 된다. TV에 나오는 기상예보관도 지금처럼 딱딱하게 말하지 않고 좀 더 즐겁게 표현하면 어떨까 생각해본다.

미국 웨이크포레스트 대학의 마크 리어리Mark R. Leary 교수는 진부한 표현을 나열하는 것은 듣는 사람을 따분하게 만든다고 지적한다. 생생하게 살아 있는 어휘를 사용하지 않으면 대화가 맥이 빠져 버리는 건 당연하다. 아무리 내용이 깊이가 있고 심오하더라도 지루하게 늘어지는 대화는 사람들이 귀를 기울이게 하는 대신 하품만 뿜어내도록 한다.

또한 어려운 용어나 사람들이 자주 쓰지 않는 어휘를 말해야 대화가 고상해진다고 믿는 사람이 있지만 이 또한 착각이다. 어려운 내용을 쉽고 재미있는 표현으로 나타낼 수 있다면 그것이 가장 이상적이다.

아이들이 읽는 그림책과 동화로부터 배우자. 책을 읽는 것도 좋지만 성우나 동화구연가들이 옛날이야기나 동화를 녹음한 CD

를 꾸준히 듣는 것도 좋다. 그들이 어떤 상황에서 어떻게 감정을 담아 말하는지 귀담아 들어 보라. 또한 어떻게 말을 배배 꼬지 않고 단순명쾌하게 표현하는지 주의해서 들어보라. 반복해서 듣다 보면 자신도 모르게 대화의 기술이 크게 늘 것이다.

같은 말을 집요하게
반복하지 말라

토털 퀄리티 매니지먼트(TQM)라는 경영이론이 있다. 1990
년대 세계를 휩쓸었던 이론이지만 거품이 꺼지듯 갑자기 사라져
버렸다. 캐나다 맥길 대학의 로버트 데이비드Robert J. David 교수
가 조사한 바에 따르면, 2001년에 이 이론과 관련해 발표된 논문
의 수는 1993년 대비 4분의 1로 크게 줄었다. 그렇지만 컨설팅
업계에서는 지금도 이 이론이 자주 사용되고 있다. 학문적으로는
한물갔지만, 경영 현장에서는 아직 살아 있는 셈이다.

우리는 일단 한번 믿었던 것은 좀체 바꾸지 않으려는 경향이
있다. 그래서 사람의 마음을 일단 바꾸는 데 성공하고 나면 웬만
해서는 그대로 두어도 변하지 않는다. 예컨대 부하 직원에게 '일
을 열심히 하자.'는 동기를 심어주는 데 성공했다면 그 후에는 별
말을 하지 않고 놓아두어도 열심히 일을 하게 된다. 매일매일 같

은 말을 되풀이할 필요가 없는 것이다.

　'사람은 망각의 동물이라 몇 번이 됐든 자꾸 반복해서 깨닫게 해야 하는 게 아닌가? 그렇게 방치해 두면 다시 느슨해지는 게 아닌가?'라고 생각하는 사람이 있을지 모르겠지만, 사실은 그렇지 않다.

　어느 정도 설득이 되었다고 생각되고, 상대의 마음이 조금이라고 변화되었다고 생각되면, 설득하는 걸 멈추어도 괜찮다. 자꾸 귀찮게 하면 오히려 역효과가 난다. 상대가 귀찮게 여길 정도로 집요하게 설득하면 "이제 그만!"이라는 반발 심리만 키우게 된다.

　어머니가 자식에게 "공부해라, 공부해라, 공부해라!"라고 시도 때도 없이 압박한다면 그게 얼마나 효과가 있겠는가. 남편에게도 부인이 같은 말을 계속 하면서 바가지를 긁는다면 화만 돋우게 될 것이다.

　개인적인 경험을 들어보자면, 설득은 두세 번 정도 하는 것이 가장 좋은 것 같다. 상대가 변화해야겠다는 생각이 있으면 두세 번 설득하는 것으로 충분하고, 만약 상대가 그럴 생각이 없다면 그 이상 설득해봐야 '쇠귀에 경 읽기'이기 때문이다.

설득이 실패하는 원인 중 하나는 설득을 너무 많이 하는 데 있다. 많은 사람들은 끈덕지게 설득해야 자기 말이 먹힌다고 믿는다. 하지만 상대가 그 말에 대해서 자기 나름으로 생각해 보도록 시간을 갖고 기다려 주는 것이 옳다.

일단 설득을 시작했다면 잠시 시간을 두고 상대의 상태를 살펴보라. 자신의 설득이 먹힌다고 생각하면 거기서 더 이상 말을 하지 말고 멈추고, 만약 그렇지 않다고 생각되면 다른 방법을 찾아서 설득을 해보는 것이 현실적이다.

아린소 프라게일*Alison R. Fragale*, 미국 노스캐롤라이나 대학 교수

The Power of Powerless Speech: The Effects of Speech Style
and Task Interdependence on Status Conferral

말과 마음의 법칙 30

말하는 스타일과 사회적 지위

이번 연구는 말하는 스타일과 그 사람의 이미지에 대한 관계를 조사하는 것
이 목적이다. 우리는 참가자들에게 힘 있게 이야기하는 스타일과 조용하게
이야기하는 스타일의 사람을 보여주고 그들의 지위를 추측해 보도록 했다.
**그 결과 참가자들은 업무 연관성이 낮은 주제로 이야기할 때는 힘 있게 이야
기하는 사람이 더 높은 지위에 있을 것이라고 추측했다. 반면 업무 연관성이
높은 주제를 가지고 이야기할 때는 나직하게 이야기하는 사람이 더 높은 지
위에 있는 사람일 것이라고 짐작하는 경향을 보였다.**

<조직 행동과 의사결정 프로세스 *Organizational Behavior and Human Decision*

Processes> (2006) 중에서

목소리에
열정을 담으라

미국의 전설적인 세일즈맨 중에 프랭크 베드카라는 사람이 있다. 그러나 그도 초기에는 사람들을 설득하는 데 상당히 어려움을 겪었다. 그래서 어느 날 데일 카네기를 만나 고민을 털어놓았다. 그 자리에서 카네기가 이렇게 물었다.

"당신은 지금 자신이 말하고 있는 것에 스스로 흥미를 느끼고 있나요?"

"예, 물론입니다."

"그러면 왜 좀 더 열정을 담아 말하지 않는 겁니까?"

카네기의 지적을 받은 그는 평소에 자신이 하는 말에 열의가 담겨 있지 않았다는 사실을 인정하지 않을 수 없었다. 카네기는 열정이 담겨 있지 않으면 고객은 감동하지 않는다고 강조했다.

자신의 문제를 깨달은 베드카는 "앞으로는 사람들로부터 이렇게 열정적으로 세일즈를 하는 사람은 여태껏 한 번도 본 적이 없다!"라는 소리를 들을 정도로 열심히 일하겠다고 결심했다.

죽은 물고기 같은 눈을 하고, 기가 빠진 목소리로 말을 하게 되면 아무리 내용이 뛰어나더라도 사람의 마음을 움직일 수가 없다.

"이 집 요리, 굉장히 맛있습니다."라고 말하면서 실제로 얼굴 표정이나 몸동작에서는 전혀 그런 감정을 느낄 수 없는 사람이 있다. 그런 사람과는 함께 식사를 해도 별로 기쁘고 즐겁지가 않다.

기획서가 아무리 뛰어나고 그럴듯해도 담당자가 그 기획을 관철할 의지를 강하게 내비치지 않으면 그 기획서는 무용지물이 된다. 반대로 내용은 진부하고 특성도 없지만, "이 기획은 꼭 해보고 싶습니다. 반드시 이뤄내 보겠습니다!"라고 열띠게 호소하는 사람에게는 내가 상사라도 마음이 움직여 "그래, 한 번 해보게."라고 응원하게 될 것이다.

미국 노스캐롤라이나 대학의 아린소 프라게일Alison R. Fragale 교수도 열정이 담겨 있지 않은 말은 사람의 마음을 움직일 수 없다고 주장한다. 애매하고 흐릿하게 힘없이 말을 하면 아무도 당신이 하는 말을 들어주지 않을 것이다.

어떤 이야기를 하더라도 배에 힘을 넣고 숨을 크게 들이쉬고, 자신의 말에 기운을 불어넣어 보자. 말에 기운이 담기면 담길수록 내용과 관계없이 상대도 당신이 말하는 것을 귀담아 들어주게 된다.

연인에게 프로포즈를 할 때도 진심으로, 자신의 말에 힘을 담아 "결혼해 줘!"라고 하면 그 정열에 반해서, 설사 결혼할 마음이 없었다고 할지라도, 자신도 모르게 "네."라고 답하는 여성이 있을 수 있다. 그만큼 당신의 말에 힘과 열정을 싣는 것은 중요하다.

목소리를 크게 내라

《료마가 간다》등 다수의 베스트셀러는 펴낸 일본의 역사소설가 시바료타로司馬遼太郎, 1923~1996는 원고를 퇴고할 때 다색多色 펜을 사용했다고 한다. 그래서 교정이 끝나면 원고가 여러 가지 색으로 알록달록해졌다고 한다.

중고등학교 참고서 같은 데서도 중요한 대목이나 요점을 정리할 때는 고딕체로 처리하거나 붉은 색으로 표시해 강조하기도 한다.

말하는 법도 마찬가지이다. 이야기하는 내내 굴곡 없이 평탄하게 끌고 가면 듣는 사람이 지루해진다. 강조해야 할 대목에서는 악센트를 주거나, 억양이나 리듬에 변화를 주어야 한다. 만담가들을 보면 특정 대목에서 갑자기 말을 천천히 하거나 돌연 목소리를 높이곤 한다. 그렇게 하면 청중들이 더욱 이야기에 집중하고 빠져든다는 것을 알고 있는 것이다.

미국 미시건 주립대학의 제럴드 밀러Gerald R. Miller 교수는 밋밋하게 객관적으로 이야기하는 것보다는 생기 있게 감정을 담아 말하면 상대가 더 잘 이해하고 설득된다고 주장한다.

나는 TV 아나운서가 뉴스를 전달하는 방식의 말하기를 좋아하지 않는다. 말은 잘할지 모르지만 무미건조해서 싫다. 아나운서가 "상황이 아주 심각합니다."라고 말해도 감정이 배제된 채로 밋밋하게 말하기 때문에 정말로 심각한 상황이라는 느낌이 전해지지 않는다.

대학 강의가 대개 재미없는 것도 교수들 중에는 지나치게 이성적인 사람들이 많기 때문일 것이다. 반면 학원 강사들의 수업은 재미가 있다. 수강생이 꽉꽉 차는 인기 강사들은 펄떡펄떡 살아 움직이는 것처럼 생생하게 강의한다. 우리도 그렇게 말하는 법을 익혀야 한다.

그렇다면 어떻게 해야 생기 있게 말할 수 있을까? 가장 중요한 것을 꼽자면 목소리를 크게 하는 것이다. 소곤소곤 작은 목소리로 말하는 것보다 큰 목소리로 말하면 감정이 더 풍부하게 실린다. 또한 50명 정도가 모인 곳에서 연설할 기회가 있을 때는 마이

크를 사용하지 말고 큰 목소리로 말하는 것이 좋다. 목소리를 크게 하면 긴장을 털어내는 데도 도움이 된다.

목소리를 크게 하는 습관을 들이면 악센트를 붙이기도 좋고, 강약과 리듬이 살아 있는 대화가 가능하게 된다. 말하는 법을 연습할 때는 단전으로부터 목소리를 내는 훈련을 하도록 하라.

스티븐 스미스 *Stephen M. Smith*, 미국 노스조지아칼리지 교수

Speed of Speech and Persuasion: Evidence for Multiple Effects

말과 마음의 법칙 31

말의 속도와 설득력의 비밀

이번 연구는 말하는 속도와 설득력의 관계를 알아보기 위한 것이다. 참가자들에게 논거가 강한 연설과 논거가 약한 연설을 각각 보통 속도로 말하기(분당 180단어)와 빠른 속도로 말하기(분당 220단어)로 나눠 들려주었다. 그 결과 논거가 뚜렷한 연설은 말의 속도에 관계없이 참가자들이 비슷한 비율로 연설에 동의했지만, 논거가 약한 연설에 대해서는 빠른 속도로 말할 경우에 동의하는 비율이 더 높아지는 것을 알 수 있었다.

<성격과 사회심리학 회보 *Personality and Social Psychology Bulletin*> (1995) 중에서

논리가 빈약할 때는
말을 빠르게 하라

앞에서 말에 무게를 싣고 싶을 때는 저음으로, 천천히 말하는 것이 효과적이라고 했다.

그러나 이와 정반대로 아주 빠르게 말하는 것이 효과적인 경우도 가끔 있다. 말하고자 하는 내용에 논리적 근거나 이유가 약하거나 아예 없을 때이다. 상대가 무슨 말인지 모른 채 얼렁뚱땅 넘어가기를 바랄 때 이런 전략을 쓰면 좋다.

미국 노스조지아칼리지의 스티븐 스미스Stephen M. Smith 교수는 다음과 같은 실험을 했다.

즉 졸업을 앞둔 학생들에게 상대적으로 손쉬운 에세이 제출보다는 더 어려운 졸업시험을 치르는 것이 좋다는 주장을 하면서 그 근거를 두 가지로 제시했다.

하나는 '강한 근거'로서 "어려운 졸업 시험을 통과하면 좋은 직장에 취직할 수 있는 기회의 폭이 넓어지기 때문에 여러분에게 도움이 될 것입니다."라는 것이었고, '약한 근거'로는 "시험제도는 고대 그리스 시대부터 이어져온 전통이기 때문에 꼭 필요한 것입니다."라는 것이었다. 그는 이것을 각각 빠른 속도와 느린 속도로 녹음해 테이프에 담아 학생들에게 들려주었다.

그 결과 근거가 강한 경우에는 빠르게 말하거나 느리게 말하거나 상관없이 긍정적인 반응을 보였지만, 근거가 약한 경우에는 빠르게 말을 할 때 졸업시험을 치르겠다고 대답한 학생들이 많았다.

클라이언트 앞에서 프리젠테이션을 해야 하는데 시간이 부족해 준비를 많이 하지 못했고, 필요한 데이터나 자료도 만족스럽게 확보하지 못했다고 하자.

이럴 때는 되도록 빠른 말로 프리젠테이션을 하는 것이 약점을 숨기는 데 효과적이다. 말을 빠르게 하면 상대는 말의 내용보다는 말하는 사람의 표정이나 목소리의 톤에 마음을 빼앗기기 쉽다. 따라서 듣는 사람이 내용에 주목하지 않기를 바랄 때는 빠르게 말하는 것이 좋은 전략이 된다.

나도 잡지사 같은 데서 취재를 나올 때 근거가 좀 약한 주장을 펼 때는 상대를 빤히 바라보면서 말을 빠르게 하는 방법을 써 먹는다. 이런 방법은 의외로 도움이 된다. 당신도 기억했다가 활용해보기 바란다.

제니퍼 에스칼라스 *Jennifer E. Escalas*, 미국 밴드빌트 대학 교수

Self-Referencing and Persuasion:
Narrative Transportation versus Analytical Elaboration

말과 마음의 법칙 32

내러티브 광고와
분석적인 광고의 효과

이번 연구는 내러티브(스토리적인) 광고와 비내러티브(분석적인) 광고 중 어떤 것이 소비자들에게 더 호소력을 갖는지를 알아보기 위한 것이다. **그 결과 스토리를 가진 광고가 사람들을 이야기로 끌어들여서 광고에 공감하도록 하는 확률이 높은 것으로 나타났다.** 내러티브 광고는 제품을 설명하는 논거가 약하더라도 소비자들에게 부정적인 영향을 거의 미치지 않았다. 반면 분석적인 광고는 보다 전통적인 방식으로 소비자들에게 호소하면서 유사 경험에 기대 정보를 전달하는 방식을 취했다. 이 경우에는 논거가 강할 경우에는 설득력이 있지만 논거가 약하면 설득력이 크게 떨어졌다.

<소비자 연구 저널 *Journal of Consumer Research*> (2007) 중에서

이미지가 떠오르도록
말하라

누군가를 설득할 때는 단순하고 명확하게 말하는 것이 좋다. 장황하게 설명을 늘어놓으면 상대가 지루해하고 이해하기도 어렵기 때문이다. 그러나 경우에 따라서는 짧게 말하는 것보다 길게 말하는 것이 사람의 마음을 움직이는 데 유리할 수도 있다.

어느 레스토랑에서 이런 일이 있었다고 한다.

메뉴판에 '토마토 소스, 조개 파스타'라고 돼 있을 때는 매출이 다른 요리와 비슷했는데, '토마토 소스, 조개 파스타: 손으로 빚은 면발에, 쫄깃쫄깃한 조개 속살, 매일 아침 주방장이 직접 갈아 만든 토마토 소스'라고 바꾸고 난 뒤에는 어떤 일이 벌어졌을까?

매출이 다른 요리보다 두 배 이상 늘었다고 한다. 요리에 대한 설명을 추가함으로써 읽는 사람이 머릿속으로 요리에 대해 선명한 이미지를 그릴 수 있었기 때문이다.

미국 밴드빌트 대학의 제니퍼 에스칼라스Jennifer E. Escalas 교수
는 다양한 광고들을 분석한 결과 고객이 제품의 이미지를 선명하
게 떠올리기 쉽도록 된 광고일수록 매출이 크게 늘어난다는 사실
을 알아냈다.

즉 스토리적인 광고가 분석적인 광고보다 효과가 높다는 것이
다. 기업들이 제품을 설명하는 문구에서 이미지 연상작용이 일어
나도록 신경을 많이 쓰는 이유가 바로 이 때문이다.

예를 들어 '럭키 스트라이크'라는 담배는 '우리는 담뱃잎을 구워
서 제조합니다'라는 광고 문구로 흡연자들의 관심을 끄는 데 성
공해 매출이 크게 늘어났다.

다른 담배 제조회사들도 담뱃잎을 굽는 방식을 택하고 있었지
만, 그들은 여태껏 그것을 광고에 활용할 생각을 하지 못했다. 그
런데 럭키 스트라이크사는 마치 자기네만 그런 제조법을 사용하
는 것처럼 포장을 했던 것이다.

그 결과 광고를 본 흡연자들은 럭키 스트라이크는 커피를 볶듯
이 만들어진 담배라는 이미지를 가지게 되었다. 따라서 왠지 고
급스럽고 세련될 뿐 아니라 커피 맛을 떠올리면서 담배를 피우는

환상을 가질 수 있게 되었던 것이다.

이처럼 광고뿐 아니라 다른 사람을 설득하거나 연설을 할 때도 가능하면 사람들이 머릿속으로 구체적인 그림이나 분위기를 떠올릴 수 있도록 하면 효과가 배가된다.

레이먼드 헌트_Raymond G. Hunt,_ **미국 뉴욕 주립대학 교수**

Accuracy of Judgments of Personal Attributes from Speech

말과 마음의 법칙 **33**

성격과 기질 그리고 목소리

이번 연구는 사람의 목소리를 듣고 그의 성격과 기질을 판단할 수 있는지를 알아보기 위한 것이다. 실험 참가자들에게 상황에 따라 몇 사람의 목소리를 들려준 다음 그가 어떤 성격의 사람인지를 판단해 보도록 했다. **그 결과 참 가자들은 목소리만 듣고도 그 사람의 기질을 거의 정확하게 판단할 수 있었 다.** 실험을 통해 우리는 사람의 목소리에 그 사람의 개성과 기질이 어느 정 도 내포되었음을 확인할 수 있었으며, 목소리로 그 사람의 능력까지도 추측 가능하다는 것을 알 수 있었다.

<성격 및 사회심리학 저널 _Journal of Personality and Social Psychology_**>** (1967) **중에서**

성숙한 목소리를
훈련하자

방송 아나운서들은 미리 준비된 원고에 충실해야 한다고 교육 받는다. 그래야 객관적이고 중립적인 정보전달자로서의 역할을 제대로 할 수 있기 때문이다.

아나운서들이 자신의 신상에 관한 이야기나 개인적인 의견들을 가급적 자제하는 것도 이 때문이다. 기본적으로 아나운서들은 '자신을 죽이는' 화법을 구사한다.

이에 반해 가수나 성우들은 자신의 목소리를 적극적으로 파는 사람들이다. 그래서 되도록 자신의 개성이 강하게 드러나도록 노력한다. 이들에게는 남과 다른 목소리를 가진 것이 성공의 가능성을 더 높여주기 때문이다. 그렇다면 당신은 둘 중 어떤 방식을 터득해야 할까? 당연히 가수나 성우 쪽이다.

"○○씨는 특징이 없어요."라거나 "○○씨는 어떤 사람인지 모르겠어요."라는 말을 듣는다면 사회생활이나 직장생활에서 마이너스이다.

그런 사람은 어떤 분야에서도 두드러진 인물이 될 수가 없다. 따라서 자신의 개성이 한껏 드러나도록 말을 하라. 그러면 말이 자신의 무기가 된다. 말이란 자신이 어떤 사람인지를 상대에게 알리는 효과적인 수단이 된다.

미국 뉴욕 주립대학의 레이먼드 헌트Raymond G. Hunt 교수는 사람들이 다른 사람의 목소리만 듣고도 그가 어떤 성격인지를 거의 정확하게 파악한다는 사실을 실험으로 확인했다.

두 사람의 목소리가 담긴 테이프를 들려주고 어떤 성격인지를 알아맞히도록 한 실험에서 "이 사람은 성격이 적극적이다."라고 그 사람의 특징을 거의 정확히 맞춘 사람은 84.6%였고, "이 사람은 대담한 사람일 것이다."라고 맞춘 사람도 역시 81.4%나 차지했다.

말하는 톤이나 목소리의 높낮이에 따라 자신에 대한 평가가 달라질 수 있다는 점을 명심하자.

가끔 어린아이 같은 목소리로 말하는 사람이 있다. 이런 사람은 귀여운 느낌은 줄 수 있으나 성숙하다는 느낌을 주지는 못한다. 이런 사람들은 아무래도 상사들이 중요한 일이나 큰일을 맡기기를 꺼려하게 된다. 왠지 어린아이 같아서 믿고 맡기기가 망설여지는 것이다. 따라서 성숙하고 신뢰를 주는 목소리를 갖도록 노력해야 한다.

천천히
저음으로 말하라

말에 무게를 실으려면 복장뿐만이 아니라 말하는 방식에도 신경을 써야 한다. 일반적으로는 목소리를 깔고 천천히 말을 하면 말에 권위가 생긴다. 이상하게도 이런 식으로 말을 하면 뭔가 대단한 사람처럼 사람들에게 인식되는 경향이 있다.

반대로 말이 빠르면 덩달아 목소리 톤이 높아지고, 그렇게 되면 왠지 강아지가 짖듯이 경박한 느낌을 주게 된다. 말의 무게가 떨어지는 것은 당연하다.

미국 뉴욕 대학의 제임스 맥라흘랜J. Maclachlan 교수는 말의 속도가 달라지면 듣는 사람이 말의 내용을 이해하는 정도도 달라진다는 것을 실험을 통해 입증했다. (빠르게 말하는 것보다 보통 속도로 말할 때 내용의 이해도가 가장 높았다.)

실험 결과, 보통 속도보다 3배 이상 빠르게 말하면 듣는 사람은 말하는 내용의 23%밖에 이해하지 못했다. 열 마디 하면 두 마디 정도만 알아듣는다는 얘기다. 거의 이해하지 못한다고 할 수 있다. 상대를 혼란시켜서 무슨 말인지 알아먹지 못하게 할 의도가 아니라면 이렇게 **빠른** 속도로 말하면 안 된다. 역시 천천히 말하는 것이 내용 전달은 물론이고 권위나 무게감에서도 가장 어울린다.

특히 강연이나 연설을 할 때는 말의 속도를 적절히 유지하는 것이 매우 중요하다. 하지만 상대가 답답해할 정도로 질질 늘이면서 천천히 말하는 것은 속사포처럼 **빠르게** 말하는 것만큼이나 역효과라는 것도 알아두자.

렉스 라이트*Rex A. Wright,* 미국 앨라배마 대학 교수

Persuasion, Reactance, and Judgments
of Interpersonal Appeal

말과 마음의 법칙 34

은근슬쩍 흘리는 의견이
설득에 미치는 힘

여자 대학생들을 대상으로 두 명의 남성이 가진 매력을 평가하도록 했다. 실험은 여대생들이 다른 사람의 평가에 약하게 노출되는 경우와 강하게 노출되는 경우로 나누어 진행되었다. **그 결과 다른 사람의 의견이 은근하게 노출된 경우에는 여대생들이 남성의 매력을 평가하는 데 큰 영향을 미쳤다. 하지만 다른 사람의 의견이 강하게 제시되었을 때는 영향을 거의 미치지 못했다.** 이를 통해 우리는 은근슬쩍 의견을 내비치는 것이 다른 사람을 설득하는 데 더 효과적이라는 것을 알 수 있다.

<유럽 사회심리학 저널 *European Journal of Social Psychology*> (1992) 중에서

혼잣말로 중얼거려 보라

설득을 잘 하는 요령 중 하나는 상대로 하여금 '지금 설득당하고 있는 거 아냐?', '저 사람이 지금 나를 설득하려고 저러는 거 아닐까?'와 같은 느낌을 주지 않는 것이다. 그런 느낌을 갖게 되면 누구라도 부담을 갖거나 경계심을 품게 되기 때문이다.

가령 어른들이 식사를 잘 하지 않는 아이들 앞에서 "와~, 이 김치찌개 뭘 넣었기에 이렇게 맛있지? 둘이 먹다 하나가 죽어도 모르겠네."라든가, 그 아이가 좋아하는 연예인 이름을 대면서 "○○도 김치찌개를 좋아한다더니 다 이유가 있었구나."라면서 혼잣말을 하게 되면 아이가 흥미를 보이게 된다. 이런 방식은 무턱대고 아이에게 "밥 먹어!"라고 윽박지르는 것보다 훨씬 효과적이다

사실 이런 전략은 사기꾼들이 잘 써먹는 것이기도 하다. 다른 사람과 미리 짜고 전화 통화를 하면서 어떤 정보를 슬쩍 흘리면 곁에서 듣고 있던 사람은 자연스럽게 거기에 말려들게 된다.

설득이 아닌 척하면서 설득을 하는 방법 중 하나가 혼잣말을 중얼거리는 것이다. 신문에 난 주식 차트를 보면서 "이 회사 주식은 조만간 상한가를 치겠는 걸."이라고 혼잣말을 하고 있으면 곁에 있는 사람의 귀가 쫑긋해지기 마련이다. 이런 방법은 정색을 하고서 "자네 돈 벌고 싶으면 이 회사 주식을 꼭 사게."라고 하는 것보다 훨씬 효과적이다.

미국 앨라배마 대학의 렉스 라이트Rex A. Wright 교수는 여성들을 두 그룹으로 나눈 뒤 남자 두 명의 프로필을 보여주고 "두 사람 중 누구와 데이트를 하고 싶은가?"라는 질문을 던졌다. 그때 한 그룹에는 교수와 미리 짜고 한 여성을 투입해 "A씨 아주 멋져 보이는 걸. 이런 남자 흔치 않지."라고 혼잣말로 중얼거리도록 했다. 그 결과 혼잣말을 하는 여성이 들어간 그룹에서 A를 데이트 상대로 꼽은 여성의 비율이 다른 그룹보다 훨씬 높았다.

이처럼 우리는 누군가가 혼자서 중얼거리는 말에 영향을 받기 쉽다. 그것은 상대로 하여금 자신이 설득당하고 있다는 사실을 전혀 눈치 채지 못하게 하면서도 상대를 설득시킬 수 있는 절묘한 방법이다.

상대방의
마음을 읽자

상대의 심리를 이용하는 리액션의 법칙

베네트 테퍼 *B. J. Tepper*, 미국 노스캐롤라이나 대학 교수

Subordinates' Resistance and Managers'
Evaluations of Subordinates' Performance

말과 마음의 법칙 35

순종적이지 않은 부하직원에 대한
관리자의 평가

부하직원이 지시에 대해 고분고분하지 않은 반응을 보일 때 관리자들은 그런 부하를 어떻게 평가할까? 그리고 관리자들의 반응에 따라 상사와 부하직원과의 관계는 어떻게 변하게 될까? 이번 연구에서는 순종적이지 않은 부하직원에 대해 관리자들이 보이는 두 가지 반응에 초점을 맞추었다. **첫 번째는 그런 부하직원에 대해 항상 부정적으로만 평가하는 관리자 유형이다.** 그들은 부하직원의 그런 행동이 잘못된 행동이라고 규정하고 업무 능력에 대해서도 인정하지 않는다. **반면 두 번째는 부하직원의 이의제기나 주장에 대해 귀를 열어놓는 관리자 유형이다.** 이들은 부하직원의 이의제기나 제안이 건설적인 내용일 수도 있다고 간주하고 그런 직원의 업무 능력을 높게 평가한다. **연구 결과 첫 번째 유형의 관리자와 부하직원은 시간이 갈수록 관계가 더 나빠진 반면, 두 번째 유형의 관리자와 부하직원의 관계는 소통이 원활하고 수준 높은 관계를 형성하게 된다는 것을 확인할 수 있었다.**

<매니지먼트 저널 *Journal of Management*> (2006) 중에서

상사의 지시에 무조건
"예, 예" 하지 말라

상사와 부하 직원, 원청 회사와 하청 회사의 관계처럼 상호 간에 힘의 차이가 존재할 때는 보통 위에서 아래로 일방적인 명령이 전달될 때가 많다. 힘의 관계에서 밀리는 아랫사람의 경우 위에서 내려오는 명령을 무조건 따를 수밖에 없는 경우가 대부분이다. 그렇지만 그런 명령을 무조건 따르다 보면 윗사람이 아랫사람을 우습게 여기거나 점차 무리한 요구를 해오곤 한다.

그렇기 때문에 위에서 무슨 요구를 하든 "예, 알겠습니다."라는 식으로 대답해서는 안 된다. 때로는 이쪽도 만만치 않다는 느낌을 줘야 일방적으로 당하지 않을 수 있다. 상대가 어떤 요구를 할 때는 거기에 대해 이쪽의 요구도 덧붙여야 한다. 또는 상대의 요구가 적절한지에 대해 이야기를 나누거나 필요할 땐 협상도 해야 한다.

"이것을 이번 주말까지 마무리하게."라고 상사가 명령할 때는 무조건 "예, 알겠습니다."라고 하지 말고 "알겠습니다. 그런데 마감을 2주 뒤로 늘려주시면 안 되겠습니까?"라든지 "알겠습니다. 그런데 처리하는 방식은 저에게 맡겨주십시오."라는 식으로 답하는 것이 좋다.

이런 식으로 하는 것이 단순히 수긍하는 것보다는 자신의 가치를 더 높이는 길이기도 하다.

미국 노스캐롤라이나 대학의 베네트 테퍼B. J. Tepper 교수에 따르면 개방적인 상사들은 부하직원의 이의제기나 제안을 긍정적으로 평가한다고 한다. 뿐만 아니라 이런 직원들의 능력을 높게 산다는 것이다. 한편 순종적인 부하직원을 선호하는 보수적 성향의 상사라도 '협상'을 시도한다든가, 역으로 다른 제안을 하는 부하직원에게 좋은 평가를 내린다고 한다.

위에서 지시를 하면 뭐든지 "예, 예."라고 답하는 '예스 맨'은 윗사람 입장에서도 맥이 빠지게 만든다. 오히려 조금은 자기주장을 펼 줄 아는 부하 직원에게 더 애정이 가는 경우가 많다.

윗사람이 '명령'이라는 수단을 통해 지시를 내릴 때 아랫사람은

'협상'으로 대응해야 한다. 명령이라고 해서 반드시 그대로 따라야 하는 것은 아니기 때문이다. 요즘은 학교에서도 학생들이 교사의 지시에 무조건 따르지는 않는다고 하지 않는가. 예를 들어 교사가 "운동장을 10바퀴 돌아."라고 지시하면 학생이 "선생님, 그러면 다 돌고 나서 주스 사 주세요."라는 식으로 대응한다는 것이다. 이런 현상을 두고 교사의 권위가 땅에 떨어졌다든가, 선생을 존경하는 마음이 사라졌다는 식으로 말할 수도 있겠지만, 윗사람에게도 당당하게 자기주장을 펼치면서 '협상'하는 새로운 세대의 모습이라고 좋게 볼 수도 있다.

어떤 지시를 내리더라도 군말 없이 곧장 수행하는 것은 위험하다. 그것은 자신의 위치를 위태롭게 할 뿐이다.

어떤 경우에도 당황하지 않고 흔들리지 않은 채, 상대에게 자신의 생각을 전할 수 있는 자세를 갖는 것이 중요하다.

피터 레인겐 *Peter H. Reingena*, 미국 사우스캐롤라이나 대학 교수

Test of a List Procedure for Inducing Compliance
with a Request to Donate Money

이미 기부한 사람들의 명단이
기부 행위에 주는 효과

어떤 부탁을 할 때 이미 그 부탁을 들어준 사람들의 명단을 보여주는 것이
얼마나 효과가 있는지를 알아보기 위해 현장 실험을 진행했다. 첫 번째 실험
은 120명의 대학생들을 대상으로 기부자들 명단을 보여주고 난 뒤 돈을 기
부하도록 부탁하는 것이었는데, 상당한 성과를 얻게 되는 것을 확인했다. 또
한 300명의 남자 대학생들을 대상으로 한 실험에서는 다른 기부자들의 숫
자를 부풀리고 기부한 금액도 부풀린 목록을 보여주자 기부하겠다는 의사
를 표명한 학생들이 늘어났다. 한편, 마지막 실험은 성인 90명에게 이전 실
험에서보다 기부자 수를 더 늘리고 기부 금액도 훨씬 더 늘려서 부탁을 했는
데 앞에서와 같은 효과를 보지 못했다. 그 까닭은 기존 기부자들의 기부 금
액이 너무 많았기 때문에 부담을 느꼈기 때문인 것으로 드러났다.

<미국 응용심리학지 *Journal of Applied Psychology*> (1982) 중에서

모두 다 그렇게 한다는 말에
속지 말라

우리는 다른 사람이 어떻게 생각하는지, 다른 사람은 무엇을 하고 있는지 등에 민감하다. 베스트셀러 목록에서 책을 고르거나, 영화를 선택할 때 많은 관객이 관람한 흥행대작에 먼저 눈길이 가는 것도 그런 이유 때문이다.

새로운 비즈니스나 프로젝트를 진행할 때 "다른 회사나 다른 팀도 이렇게 하니까 따라가자."라든가 "다른 사람들도 모두 그렇게 한다."는 식으로 의견을 몰아가는 경우가 있다. 사람을 설득할 때도 "모두 다 이렇게 합니다."라는 점을 강조할 때가 있다.

미국 사우스캐롤라이나 대학의 피터 레인겐Peter H. Reingena 교수는 이색적인 실험을 진행했다. 한 학생이 캠퍼스 안에서 모금함을 들고 있게 한 뒤, 지나가는 사람들에게 "저는 심장병협회에서 활동하고 있습니다. 심장병 환자들을 위한 모금에 동참해주시지 않겠습니까?"라며 모금을 권유하도록 했다. 그러자 권유를 받은 학생들 가운데 25%가 모금에 동참했다.

교수는 이번에는 대사를 바꿔 이렇게 말하도록 했다.

"저는 심장병협회에서 활동하고 있습니다. 심장병 환자들을 위한 모금에 '모두가' 참여하고 있습니다. 당신도 모금에 동참해 주시지 않겠습니까?"

그리고는 가짜로 서명된 모금 참가자의 이름이 적힌 리스트를 보여주도록 했다. 그러자 이번에는 권유를 받은 학생의 43%가 모금활동에 동참했다.

이미 다른 사람들도 모금에 참가했다는 사실이 학생들로 하여금 권유를 거절하기 어렵도록 만든 것이다.

어린아이들이 어머니에게 뭔가를 사달라고 할 때 "철수도, 영희도, 기훈이도 다 가지고 있어요."라고 떼를 쓸 때가 있다. 그러면 엄마들은 마음이 약해져 부탁을 들어주는 경우가 많다. 어린아이들조차 어떻게 하면 부모가 자신들의 요구를 들어주는지를 터득하고 있는 것이다.

하지만 누군가가 "모두가 이것을 하고 있습니다."라는 이유를 들어 설득하려고 할 때는 "모두라구요? 구체적으로 그게 누구죠?"라고 되받아치는 것이 효과적일 수 있다.

만약 상대가 이름을 대더라도 "아, 겨우 세 명뿐이군요."라든가 "음, 겨우 두 개 회사뿐이군요."라는 식으로 반박하면 상대도 어쩔 수 없이 침묵하게 될 것이다.

가벤 반클리프_Gerben A. Van Kleef,_ 네덜란드 암스테르담 대학 교수

Supplication and Appeasement in Conflict and Negotiation: The
Interpersonal Effects of Disappointment, Worry, Guilt, and Regret

말과 마음의 법칙 37

실망하거나 후회하는 얼굴
그리고 협상의 성패

이번 연구는 갈등을 겪거나 협상을 할 때, 탄원이나 애원을 하는 것이 어떤
영향을 끼치는지를 알아보기 위한 것이다. 실험 참가자들에게 협상을 하도
록 한 다음, 상대가 다음의 세 가지 감정 상태를 보일 때 어떤 태도의 변화가
일어나는지를 살펴보았다. 실망하고 걱정스러운 모습을 보일 때, 죄책감이
나 후회스러운 모습을 보일 때, 아무런 감정을 드러내 보이지 않을 때의 세
가지였다. 그 결과 참가자들은 감정을 전혀 드러내지 않는 상대에게는 협상
에서 거의 양보를 하지 않은 반면, 실망하고 걱정스러운 태도를 보이는 상대
에게 가장 많이 양보를 했다. 죄책감이나 후회하는 모습을 보일 때가 그 다
음이었다.

<성격 및 사회심리학 저널 _Journal of Personality and Social Psychology_> (2006) 중에서

제안을 거절당했을 때는
슬픈 표정을 하라

자신이 낸 제안이 상대에게 거절당하면 우리는 대개 화난 얼굴을 하거나 얼굴이 붉으락푸르락하게 된다. 하지만 그럴 때는 화를 내기보다 아쉬워하는 표정이나 실망한 표정, 심지어 슬픈 표정을 짓는 것이 좋다. 왜냐하면 슬픈 얼굴을 마주하면 상대는 '아, 내가 나쁜 짓을 하고 말았구나.'라고 자책감을 갖게 되기 때문이다.

예를 들어 클라이언트가 제안한 기획서에 대해서 당신이 "안 되겠는데요. 이런 기획으로는 어림도 없습니다."라고 단호하게 거절했다고 가정해보자. 상대가 어깨를 축 늘어뜨리고 풀이 죽은 모습을 보이거나, 눈물을 흘리는 모습을 보인다면 당신 기분이 어떻겠는가. 저러다 자살이라도 할 것 같은 낙담한 모습을 본다면 어떻겠는가.

대부분의 사람들은 그럴 경우에 상대를 위로하거나 격려해 줄 것이다. "아, 죄송합니다. 당신의 기획서가 나쁘다는 뜻이 아닙니다. 사실은 이런 큰 프로젝트를 진행하기에는 저희가 규모나 예산 면에서 부족하기 때문입니다."라는 식으로 친절하게 다독여 줄 것이다. 또는 "좀 더 규모를 줄여서 기획서를 다시 작성해 가져와 보십시오."라고 조언을 해줄지도 모른다.

네덜란드 암스테르담 대학의 가벤 반클리프Gerben A. Van Kleef 교수는 학생들을 휴대전화를 파는 측과 사는 측으로 나누어 협상을 하도록 하는 실험을 했다. 그 결과 몇 차례 협상과정에서 상대가 매우 낙담하고 풀죽은 모습을 보이면 상대가 좋은 조건을 제시한다는 사실을 알게 되었다.

우리 인간은 극히 소수의 괴팍한 사람을 제외하고는 기본적으로 다른 사람의 아픔에 공감하는 능력을 가지고 있다. 누구나 그런 선의를 갖고 있다. 그래서 상대가 슬픈 얼굴을 하거나 우는 모습을 보이면 자신이 너무 가혹하게 대하지는 않았는지 반성하거나 태도를 바꾸게 된다.

성심성의껏 협상에 임했는데 혹은 밤을 새워 기획서를 작성했는데 거래처로부터, 상사로부터 거절을 당하게 되면 실망할 수밖에 없다. 그럴 때 억지로 상처받지 않은 척, 낙담하지 않은 척할 필요는 없다. 아니 오히려 적극적으로 자신의 슬픈 감정을 얼굴에 드러내는 것이 실제로는 더 효과적일 수 있다.

아니타 반겔리스티 *Anita L. Vangelisti*, 미국 텍사스 대학 교수

When Words Hurt: The Effects of Perceived Intentionality
on Interpersonal Relationships

말과 마음의 법칙 38

상처 주는 말의 고의성이
관계에 미치는 영향

왜 똑같이 상처를 주는 말이라도 경우에 따라 상대에게 미치는 효과가 다르
게 나타날까? 우리는 이를 알아보기 위해 두 가지 연구실험을 진행했다. 첫
번째는 자신에게 말로 상처를 준 사람에게 나쁜 감정을 품고 관계가 소원해
질 때 그 심리적 메커니즘을 알아보았다. **그 결과 처음부터 나쁜 의도를 가
지고 상처를 주는 말을 한 경우에는 관계가 크게 틀어지지만, 상대에게 상
처를 줄 의도가 없었다는 사실이 드러나면 앞의 경우보다는 관계가 틀어지
는 일이 적다는 사실을 알게 되었다.** 두 번째 연구는 처음부터 상처를 줄 의
도 없이 나쁜 말을 한 사람에 대해서도 관계가 틀어지는 경우, 어떤 심리적
인 배경이 깔려 있는지를 조사했다. 그 결과 의도 없이 상처를 주더라도 그
런 말을 하는 횟수가 잦고, 그런 말버릇이 그 사람의 커뮤니케이션 방식이라
는 사실을 알게 되었을 때 관계가 틀어진다는 것이 드러났다.

<사회 및 대인관계에 대한 연구 저널 *Journal of Social and Personal Relationships*>

(2000) 중에서

그럴 의도가 아니었다고
사과하라

다른 사람에게 폐를 끼치고서 용서를 받기 위해서는 "그럴 의도가 아니었습니다."라고 말하는 것도 괜찮다. 그러면 상대도 더 이상 화를 내기가 어렵다.

속으로는 화가 날지라도 당신이 그런 의도가 없었다고 한 이상 당신에게 화를 낼 수가 없게 되는 것이다.

미국 텍사스 대학의 아니타 반겔리스티Anita L. Vangelisti 교수에 따르면, 다른 사람의 마음을 아프게 한 악담이나 비판을 했더라도 "나는 당신을 괴롭힐 의도가 없었습니다."라며 진심으로 사과를 하면 상대도 화를 풀게 된다고 말한다.

반겔리스티 교수는 상대가 화를 내느냐 내지 않느냐는 당신의 '의도'가 무엇보다 중요하다고 주장한다. 일부러 했느냐 그렇지 않냐가 중요하기 때문에 일부러 하지 않았다고 하면 상대도 화를 누그러뜨리게 된다는 것이다.

따라서 "그럴 의도가 아니었습니다."라고 해명을 하면 상대에게 어떤 폐를 끼쳤더라도 대부분은 원만하게 해결할 수 있다.

재판과정에서도 마찬가지이다. 설사 살인을 했을지라도 거기에 '고의'가 있었는지 없었는지가 재판에서는 중요한 쟁점이 된다. 살의를 가지고 사람을 죽였다면 당연히 엄벌이 따르지만 그럴 의도가 없었다면 정상이 참작되는 것이다.

당신이 누군가에게 폐를 끼쳤을 때 설사 상대를 괴롭히려고 그렇게 했다 할지라도 "그럴 의도는 전혀 없었습니다."라고 해명하라. 그러면 상대도 더 이상 책임을 물으려고 하지 않을 것이다.

누구에게나 싫어하는 사람이 한두 명 있기 마련이다. 가끔은 싫은 사람에게 앙갚음을 하는 것도 나쁘지는 않다. 예컨대 그 사람이 회를 먹지 못하는 걸 알고서 횟집으로 약속 장소를 잡는다든가, 수영을 못하는 걸 알고서 수영장으로 놀러가자고 하는 것과 같은 애교스러운 괴롭힘 같은 것 말이다.

물론 그럴 때 상대가 불쑥 화를 내면 미처 몰랐다는 얼굴을 하면서 "아, 그런가요. 실례했습니다. 그럴 의도는 전혀 없었어요."

라고 사과를 하면 된다.

　이런 방법을 너무 자주 써먹으면 들통이 나겠지만, 가끔 불리한 상황에 사용하는 것은 괜찮다.

노라 머피 *Nora A. Murphy*, 미국 노스이스턴 대학 교수

Accurate Intelligence Assessments in Social Interactions:
Mediators and Gender Effects

말과 마음의 법칙 39

대화할 때의 반응과
지능지수 추정

처음 보는 낯선 사람과 대화를 나눌 때 상대가 반응하는 표정이나 행동, 말투를 보고서 상대의 지능을 추측할 수 있으며, 또한 그렇게 추측한 지능지수는 상대의 실제 지능지수와 매우 근접하다는 사실이 이번 연구에서 드러났다. 또한 대화하는 장면을 비디오로 녹화한 뒤 참가자들에게 대화하는 사람들의 지능지수를 추측하도록 했을 때도 비슷한 결과가 나왔다. 특히 상대가 얼마나 대화의 주제에 정확하게 반응하는지, 시선을 얼마나 자주 마주치는지, 상대를 얼마나 꼼꼼하게 관찰하는지를 지능지수를 추정시 주요한 참고 요인으로 삼는다는 것을 알 수 있었다.

<퍼스낼리티 저널 *Journal of Personality*> (2003) 중에서

상대의 말에
빠르게 반응하라

정치가들이 기자회견장이나 토론 프로그램에 나와서 하는 말을 들으면 질문과 동떨어진 답변을 하거나 두루뭉술하게 초점을 비켜나는 대답을 하는 경우를 흔히 보게 된다. 아마도 꼬투리를 잡히지 않거나 책임을 지지 않기 위해서 혹은 정략적인 이유로 그러는 것이겠지만, 그런 장면을 볼 때마다 매우 위화감을 느끼게 된다. 어떤 때는 정말 말귀를 못 알아듣고 엉뚱한 대답을 하는 경우도 있다. 그럴 때는 '과연 저 정치인의 지능지수는 얼마나 될까?' 하는 의문이 생기며 안쓰러운 생각이 들기도 한다.

실제로 미국 노스이스턴 대학의 노라 머피Nora A. Murphy 교수가 실험한 결과에 따르면 상대가 자신의 질문에 엉뚱한 대답을 자주 하면 '이 사람은 머리가 나쁘구나.'라고 단정하게 된다고 한다. 또한 머피 박사가 그런 사람의 지능을 조사해 본 결과 실제로 지능지수가 낮았다고 한다.

"치면 울린다."라는 표현이 있지만, 어떤 질문을 받으면 곧장 거기에 어울리는 답변을 해주어야 한다. 그래야 서로 대화 상대를 인정해주고 이야기를 계속 끌어갈 수 있게 된다.

"저기, 우리가 마지막으로 만났던 게 언제였지요?"라는 질문에 "글쎄요. 그게 언제였더라."라는 식이 되면 곤란하다. "한 달쯤 됐지요."라든가 아니면 구체적인 날짜를 말하면 더욱 좋다. 또한 상대가 지적인 질문을 던지면 이쪽에서도 그 수준에 맞는 대답을 해줄 수 있어야 상대가 '아, 이 사람하고는 대화가 통하는구나.'라고 느껴서 적극적으로 이야기에 임하게 된다.

이렇게 질문과 대화가 빠르고 적절하게 오고가려면 머리회전이 빨라야 한다. 그런데 머리회전은 타고나는 것이 아니다. 꾸준히 훈련하면 충분히 개선될 수 있는 것이다. 말하는 법을 훈련하듯이 머리회전을 빨리하는 법도 꾸준히 연마하면 좋다.

머리회전 속도는 책을 읽는 속도와 관계가 깊다. 일반적으로 책을 빨리 읽는 사람이 머리 회전 속도도 빠르다. 따라서 속독 훈련을 하면 머리 회전력을 높일 수 있다고 생각한다.

잡지나 신문이나 책을 읽을 때 한 자 한 자 숙독하지 말고 눈을 빠르게 움직이면서 이해하려는 훈련을 하면 머리회전도 빨라지고 상대의 말에 적절히 대답할 수 있는 능력도 길러질 것이다.

상대와 같은 템포로
말하라

상대가 말하는 페이스나 템포를 맞추지 못하면 대화가 어긋난다는 느낌을 주기 쉽다. 천천히 말하는 사람을 상대로 할 때는 이쪽도 거기에 맞춰 말하는 속도를 늦추는 것이 좋다.

반대로 말을 빠르게 하는 사람을 상대할 때는 이쪽도 최대한 그 속도를 따라잡도록 해야 할 것이다.

"다른 사람과 얘기할 때 말을 빨리 하는 게 좋은가요, 느리게 하는 게 좋은가요?"

"목소리 톤을 높이는 게 좋은가요, 아니면 목소리 톤을 낮춰 약간 중저음으로 말하는 게 좋은가요?"

이런 질문을 가끔 받는다. 그러면 그때그때 임기응변으로 대처하라고 대답한다. 항상 들어맞는 화법은 없기 때문이다. 분위기와 상대에 따라 적절히 자신의 화법을 변화시키는 것이 가장 좋다.

미국 서포크 대학의 낸시 푸치넬리Nancy M. Puccinelli 교수는 상대와 같은 템포로 대화를 맞춰주면 상대도 좋은 기분을 갖게 된다고 강조한다. 그는 두 사람을 한 조로 짜서 일상생활이나 자신의 장래 꿈에 대해 자유롭게 이야기를 나주도록 한 다음 그 장면을 비디오로 촬영을 했다. 그 결과 서로 대화를 나누는 페이스나 템포가 잘 맞는 팀은 심사단로부터 "이 조는 굉장히 즐거워 보인다."는 평가를 받았다.

시험에 합격한 사람이 기분이 좋아 들떠서 "나, 합격했어. 합격!"이라며 흥분된 목소리로 떠드는데도 "응 그래? 좋겠네."라며 시큰둥하게 반응하면 상대는 금방 기분이 상하고 흥분도 가라앉아버릴 것이다.

이럴 때는 "대단해, 대단해! 아주 잘했어!"라며 함께 흥분해서 맞장구를 쳐주는 것이 도리다.

실연을 했거나 해고를 당한 상한은 아주 침울한 목소리도 말할 수밖에 없다. 그런 사람과 대화를 할 때는 이쪽도 목소리를 낮추어 "그것 참 유감이네."라며 함께 아파하는 모습을 보여야 한다.

이럴 때 상대를 격려한답시고 밝고 높은 목소리를 내게 되면 역효과를 부르게 된다.

불경에는 '사슴에게 설법을 하려면 사슴의 속으로 들어가서 사슴의 입장이 되어 설법하라.'는 말이 전해져 오고 있다. 상대의 입장에 서지 않으면 제대로 된 설법이 되지 않는다는 말일 것이다. 대화도 마찬가지란 점을 기억하자.

존 실베스터 *J. Silvester,* 영국 런던 시립 대학 교수

"Trust Me...": Psychological and Behavioral Predictors of
Perceived Physician Empathy

말과 마음의 법칙 40

의사의 공감능력과
환자의 신뢰도

이 연구는 의사가 환자에게 공감하는 정도가 환자에게 미치는 영향을 알아보기 위한 것이다. 실험은 환자의 질문에 대해 의사가 의학적인 정보와 자신의 소견을 밝히도록 한 다음, 거기에 대해 환자가 어떤 평가를 내리는지를 조사하는 식으로 진행됐다. 100명의 의사를 대상으로 실험한 결과, 의사의 커뮤니케이션 스타일에 따라 환자의 공감 정도가 달라진다는 사실을 알게 되었다. **환자를 잘 통제하고 환자에게 신뢰를 받는 의사일수록 환자와의 소통에 열려 있고, 환자와의 공감능력이 뛰어난 것으로 나타났다.** 반면 일방적이고 위압적인 커뮤니케이션 스타일을 가진 의사는 환자와의 공감능력도 떨어졌고 환자들의 신뢰도도 낮았다.

<미국 응용심리학지 *Journal of Applied Psychology*> (2007) **중에서**

상대의 지적 수준에
맞춰라

머리가 좋거나 지식을 많이 갖춘 사람은 대화의 상대도 자기와 비슷한 수준의 지식을 지녔을 거라고 오해하곤 한다. 그래서 설명을 자세히 하지 않고 건너뛰는 경향이 있다. 물론 설명은 단순할수록 좋지만, 너무 단순해지면 무슨 말을 하는지 감을 잡을 수 없게 된다.

예를 들어 통계학에 대해 전혀 지식이 없는 사람에게 "이 데이터에는 회귀분석이 적용되었네. 그러니까 표준회귀계수와 상관계수에 주목하고 다른 통계량은 무시해도 좋아. 분산과 상관행렬 결과도 무시해버려. 알았지?"라는 식으로 아무리 얘기해봐야 알아들을 수 없을 것이다.

그런 경우 무슨 말인지 모르겠다고 질문할 수도 있지만, 보통은 자존심 때문에 "네가 무슨 말을 하고 있는지 전혀 모르겠어."

라고 솔직하게 털어놓기가 쉽지 않다. 그렇기 때문에 충고나 설명을 하는 사람은 상대의 표정을 봐가면서 상대가 이해를 못하고 있다는 생각이 들면 전문용어를 쓰지 않는다거나, 좀 더 풀어서 전달하려는 자세가 필요하다. 그것이 말하는 사람으로서의 공손한 태도라고 할 수 있다.

영국 런던 시립대학의 존 실베스터J. Silvester 교수는 5년 이상의 경력을 지닌 의사 100명을 대상으로 조사한 결과 환자의 기분을 배려하고, 환자가 알기 쉽게 설명하는 의사일수록 환자들에게 호의적인 평가를 받는다는 사실을 확인했다. 이처럼 말을 할 때는 상대의 지적 수준을 배려하는 마음이 필요하다.

이런 우스갯소리가 있다. 미국 버몬트 주에 사는 한 농부가 새 톱을 사러 가게에 갔다.

"이 가게에서 가장 잘 드는 톱을 주세요."

그러자 가게 주인은 "이것을 사용하면 하루에 100그루는 거뜬히 벨 수 있을 거요."라면서 전기톱을 건네주었다. 그러나 1주일이 지난 뒤 농부가 불만스러운 얼굴로 가게에 다시 나타났다.

"톱을 바꿔 주셔야겠는데요. 말씀하신 것과는 달리 아무리 해도 하루에 10그루 이상을 베지 못했어요."

그러자 가게 주인은 고개를 갸우뚱거리며 "그래요? 톱에 문제가 있나?"라면서 전기톱을 테이블에 놓고는 끈을 잡아당겼다. 그러자 엔진 돌아가는 소리가 요란하게 가게에 울려 퍼졌다.

"아무 문제가 없는데요."

가게 주인의 말을 들은 농부는 꽁무니를 빼듯이 서둘러서 가게 문을 나섰다.

가게 주인은 농부가 당연히 전기톱 사용법을 알고 있을 거라고 짐작하고 팔 때 아무런 설명을 해주지 않았던 것이다.

"이 정도는 극히 초보적인 지식이어서 상대도 알고 있을 거야."라고 생각하지 말기 바란다. 당신에게는 아무리 당연해보이고 초보적인 지식일지라도 그것을 모르는 사람이 있을 수 있다. 말을 할 때는 이처럼 상대의 지식 수준을 항상 고려해야 한다.

상대의 기질을
파악하라

　미국 뉴욕 주립대학의 시드니 쉬라우거J. S. Shrauger 교수는 여대생들을 대상으로 자존심을 측정하는 심리테스트를 실시했다. 그 결과 자존심이 높게 나온 학생들과 낮게 나온 학생들로 분류한 다음 실험을 했다. 실험 내용은 "당신은 이러이러한 사람이다."라고 했을 때 학생들의 반응을 살피는 것이었다.

　그 결과 자부심이 높은 학생들은 긍정적인 내용에 자신을 동일시하는 반면, 자부심이 낮은 학생들은 부정적인 내용에 자신을 동일시하는 경향이 강했다. 예를 들어 자부심이 높은 학생은 "당신은 머리가 좋은 사람이다."라든가 "당신은 사교적이다." 같은 말에 대해 스스로도 그렇게 믿고 있다는 반응을 보였다. 그러나 자존심이 낮은 학생들은 "당신은 비관적이다." 또는 "당신은 타락하기 쉽다." 같은 말을 들으면 자신도 그렇게 믿고 있다는 반응을 보였다.

따라서 자부심이 높은 사람을 설득할 때는 밝고 긍정적인 내용만을 말하는 것이 좋다. 그런 사람들은 어둡고 부정적인 이야기는 별로 귀담아 듣지 않기 때문이다. 반면 자부심이 낮은 사람에게는 어둡고 비관적인 얘기를 통해 공감을 산 다음 설득에 나서는 것이 좋다.

"국가 경제가 이대로 가면 곧 망한다."라거나 "국민소득이 5년 안에 절반으로 떨어질 것이다." 같은 암울한 전망을 들으면 자부심이 강한 사람들은 그런 상황이 오지 않도록 할 방도가 무엇인지를 고민하면서 낙천적으로 받아들이지만, 자부심이 낮은 사람들은 의기소침해지면서 그런 비관적인 전망을 찾아내는 데 더욱 몰두한다.

우리에게는 자신이 받아들이고 싶은 정보만을 받아들이고자 하는 심리가 있다. 따라서 상대가 어떤 성향의 인물인지 먼저 파악한 다음 거기에 맞춰서 밝고 긍정적인 내용으로 접근할 것인지, 어둡고 비관적인 내용으로 설득한 것인지를 선택해야 한다.

로버트 앱슬러_Robert Apsler,_ 미국 보스턴 대학 교수

Effects of Embarrassment on Behavior toward Others

말과 마음의 법칙 41

창피한 행동과 부탁의 승낙률

이번 연구에서는 창피하거나 당황스러운 상황에 처한 사람이 그런 행동을 지켜본 사람과 그런 사실을 전혀 모르고 있는 사람에 대해 각각 어떤 반응을 보이는지를 실험해 보았다. 우선 48명의 남자 대학생들을 대상으로 실험한 결과, 창피한 행동을 하고 난 뒤에는 그것을 본 주변 사람의 부탁에 대해 그렇지 않은 상황에서보다 부탁을 더 잘 들어주었다. 또 60명의 여대생들을 대상으로 똑같은 실험을 시도했는데, 그 결과도 마찬가지였다. 이것은 기존의 승낙모델(compliance model)에서 주장하는 바와 일치하는 반응이다. 이 모델에 따르면 창피한 행동을 한 사람은 자신의 행동이 초래한 불편한 심기를 해소하기 위해 남을 돕는 적극적인 행동을 할 가능성이 높다는 것이다.

<성격 및 사회심리학 저널 _Journal of Personality and Social Psychology_> (1975) 중에서

상대가 창피한 상황에
처할 때를 노리자

　당신이 상사에게 휴가를 신청하고 싶다고 하자. 그냥 부탁하면 "지금은 안 돼."라고 거절당할 위험이 있다.

　그렇다면 어느 타이밍에 신청하면 좋을까? 바로 상사가 뭔가 창피한 상황에 있을 때이다.

　그런 행운의 순간은 흔치 않겠지만, 그런 순간만큼 무언가를 부탁하기에 좋은 때는 없다는 것을 알아두기 바란다.

　예를 들어 복도에 커피를 쏟았다든지, 화장실에서 나오면서 바지 지퍼를 올리지 않았다든지, 길을 가다 껌이나 개똥을 밟았다든지, 바지 엉덩이 쪽이 찢어졌다든지 하는 경우가 그런 상황에 속한다. 이는 인신공격을 하는 것이 아니라 상황을 유리하게 만드는 전략인 것이다.

　그런 순간을 포착했을 때 "죄송하지만……." 하면서 말을 붙이면 상대는 일종의 패닉 상태에 빠져 있기 때문에 여러 가지를 따지고 들지 않으며 "그래, 알겠어요. 그럼 그렇게 하세요."라고 말할 가능성이 높아진다.

미국 보스턴 대학의 로버트 앱슬러Robert Apsler 교수는 남자 대학생들을 모아 그중 절반의 학생들에게 창피한 행동을 하게 했다. 예컨대 음악에 맞춰 코믹한 춤을 추거나 어린아이처럼 응석을 부리게 한 다음, "내 연구 프로젝트를 좀 도와줄래? 며칠 정도 도와줄 수 있어?"라고 부탁해 보았다.

그 결과 학생들은 평균 14.9일 동안은 도와줄 수 있다고 답했다. 그러나 창피한 행동을 하지 않은 나머지 절반의 학생들은 평균 8.7일밖에 도와줄 수 없다는 대답을 했다.

이처럼 우리는 부끄럽거나 창피한 행동을 한 직후에는 다른 사람을 부탁을 쉽게 거절하지 못한다는 것을 알 수 있다.

부끄러운 기분이 들 때는 다른 사람들에게 친절하게 대함으로써 그 상황에서 벗어나려고 하기 때문이다. 따라서 뭔가를 부탁할 때는 그때가 기회이다.

보통 때는 무엇을 부탁해도 담담한 얼굴로 "안 돼."를 연발하는 사람도, 창피한 상황에 처했을 때는 태도를 누그러뜨리기 쉽다.

복도에서 바나나 껍질을 밟고 넘어져서 어쩔 줄 모르는 사람에게 "죄송하지만, 이것 좀 해주실 수 있나요?"라고 부탁하면 "아, 네. 알겠습니다."라는 대답을 들을 확률이 아주 높다. 그런 상황이 아주 드물긴 하지만 말이다.

헤르베르트 블레스 *Herbert Bless*, 독일 하이델베르크 대학 교수

Mood and Persuasion: A Cognitive Response Analysis

말과 마음의 법칙 42

상대의 기분에 따른
설득의 효과

이번 연구에서는 행복한 기분일 때와 슬픈 기분일 때 그 사람을 설득하는 데 어떤 차이가 있는지를 살펴보았다. 첫 번째 실험 결과, 슬픈 상태에 있는 사람은 설득하려는 내용이 강한 경우에는 메시지에 주목했지만, 내용이 약하면 별다른 주의를 기울이지 않았다. 반면 행복한 기분에 사로잡힌 사람은 설득하려는 내용이 강하든 약하든 호의적으로 반응하는 것으로 나타났다. 두 번째 실험 결과에서도, 기분이 나쁜 상태에 있을 때는 내용이 약한 메시지는 강한 메시지에 비해 주목을 끌기가 힘들었고, 반면 기분 좋은 상태에 있는 사람은 주제가 무엇이든 크게 상관하지 않았다. **즉 기분이 좋은 상태의 사람은 기분이 나쁜 사람에 비해 메시지 내용에 크게 구애받지 않고 설득이 잘 된다는 것을 알 수 있었다.**

<성격과 사회심리학 회보 *Personality and Social Psychology Bulletin*> (1990) 중에서

상대가 기분 좋은 상태일 때
부탁하라

앞의 경우와는 반대로 상대가 아주 기분 좋은 상태를 노려 부탁하는 것도 좋은 방법이다. 막 승진 발령이 난 사람에게 "승진했으니까 한턱 내세요."라고 하면 별다른 일이 없는 한 기꺼이 술집으로 향하듯이 말이다.

또한 첫 아이가 태어나 행복감에 젖어 있는 사람이라면 보험영업사원이 "아이를 위해서 교육보험을 하나 가입하는 게 어떻겠습니까?"라고 하면 바로 "좋습니다."라고 승낙할 것이다. 그때는 아이를 위해서라면 무엇이라도 하겠다는 기분으로 충만해 있기 때문이다.

이처럼 누구나 행복의 절정에 있는 순간에는 웬만한 부탁에 대해서는 기꺼이 OK라고 하게 된다.

독일 하이델베르크 대학의 헤르베르트 블레스Herbert Bless 교수
는 행복한 기분에 젖은 사람일수록 설득하기가 쉽다는 것을 구체
적인 데이터로 보고하고 있다. 그에 따르면 슬픈 기분에 젖어있
는 사람보다 행복한 기분에 있는 사람이 평소 자신의 입장과 반
대되는 일에도 기꺼이 귀를 기울여주고, 부탁도 잘 들어준다는
것이다.

또한 막 힘든 과제를 끝마친 상황에 있는 사람도 설득을 하기
가 쉽다. 몇 개월이나 끌던 프로젝트를 끝냈거나, 될 듯 말 듯 골
치를 썩이던 계약건이 원만하게 해결했다든가 하면 심리적으로
홀가분하고 개운한 상태기 때문에 어려운 부탁을 해도 가능하면
너그러운 마음으로 들어 주려고 애쓰게 된다. 그런 상태에서는
세상 모든 사람이 아름다워 보이는 법이니까 말이다.

사랑하는 여성에게 프러포즈를 할 때도 타이밍을 잘 잡아야 한
다. 프러포즈를 하겠다고 마음 먹은 날에는 그전에 맛있는 저녁
식사를 함께 한다든가, 멋있는 야경을 함께 보면서 상대의 마음
을 한껏 부풀려 놓아야 유리하다. 맛있는 음식을 먹거나 멋진 풍
경을 보고 나면 사람들은 행복감에 빠져들게 된다. 그럴 때 프러
포즈를 하면 상대가 환한 미소로 응답해 줄 것이다.

소통으로
영향력을 발휘하라

영향력을 높이는 상호작용의 법칙

니콜라스 페이N. Fay, 스코틀랜드 글래스고 대학 교수

Group Discussion as Interactive Dialogue or as Serial Monologue:
The Influence of Group Size

말과 마음의 법칙 **43**

그룹의 크기와
커뮤니케이션 방식

그룹을 지어 이야기할 때, 참가한 사람들이 말하는 방식에 따라 커뮤니케이션 효과는 어떻게 나타날까? 이를 알아보기 위해 두 가지 모델을 만들어 실험을 했다. 한 모델은 참가한 사람들이 서로서로 대화를 나누는 방식으로 이루어진 그룹이고, 다른 모델은 한 사람이 이야기를 주도하는 그룹이었다. 전자의 경우, 참가자들은 자신들과 대화를 나눈 사람들에게서 골고루 영향을 받았다. 그러나 후자의 경우에는 대부분의 참가자들이 이야기를 독차지한 사람의 영향을 받았다. **또한 그룹 인원이 5명인 경우에는 참가자들이 골고루 대화하며 서로 영향을 주고받았지만, 10명이 참가한 그룹에서는 이야기가 한 사람이 주도해서 흘러가기가 쉬웠고 참가자들도 그 한 사람의 이야기에 영향을 받았다.**

<심리과학 학술지 *Psychological Science*> (2000) **중에서**

둘만의 만남을 가져 보라

나는 사람들이 많이 모인 곳에서 말하는 것을 그다지 좋아하지 않는다. 회의석상에서 발언을 하거나, 그룹을 짜서 얘기하거나 논의하는 것도 즐기지 않는 편이다. 학창 시절부터 여러 명이 모여 취미활동이나 공부를 하는 것을 싫어했다. 지금도 여러 사람이 참석하는 모임 같은 것은 가급적 피한다. 출판사 관계자들과 회식을 하게 되면 편집자, 디자이너, 일러스트레이터 등 여러 사람이 참석하게 된다. 나는 그런 자리를 싫어하기 때문에 처음부터 회식 제안을 거절한다.

나는 인간관계의 기본은 1대1 관계라고 생각한다. 대화를 할 때도 1대1로 하면 서로의 속내를 털어놓기가 더 쉽고 친밀감을 쌓기도 더 수월하다고 믿는다.

따라서 당신도 누군가와 더 친해지고 깊이 사귀고 싶다면 두 사람만의 만남이 이루어질 수 있는 상황을 만들라고 권하고 싶다. 나는 친하게 지내고 싶은 사람이 생기면 바로 그 사람에게 언제 한 번 함께 식사를 하자고 제안한다. 물론 우리 둘 외에 다른 사람은 부르지 않는다. 그러나 상대가 여성일 경우에는 자칫 오해를 살 수도 있기 때문에 다른 사람을 참석시킨다.

둘만의 만남을 갖는 것은 상대와의 관계를 더 좋게 할 수 있다는 장점 외에도 대화의 기술, 말하는 기술을 연습할 수 있다는 이점도 있다.

여러 사람이 모인 장소에서는 말할 수 있는 시간이 상대적으로 짧을 수밖에 없다. 참가 인원이 많기 때문에 당연하다.

스코틀랜드 글래스고 대학의 니콜라스 페이N. Fay 교수에 따르면 5명이 모인 그룹에 비해서 10명이 모인 그룹에서는 참석자가 말할 수 있는 기회가 거의 없다고 한다. 인원이 많아지면 말을 할 수 있는 사람의 수가 제한되어, 한마디도 할 수 없는 사람이 늘어난다는 것이다.

따라서 기본적으로 대화는 1대1로, 두 사람이 하는 것이 가장 좋다. 그래야 상대와 관계를 깊이 쌓을 수 있다. 또한 상대가 당신이 말하는 것을 경청할 가능성도 높아지고, 말할 수 있는 시간도 길게 확보할 수 있어 대화의 기술도 연마할 수 있게 된다.

"나는 말을 잘 못해요. 아무리 해도 나는 말하는 기술이 늘지 않아요."라고 불만을 터뜨리는 사람은 여러 사람이 모인 자리보다는 두 사람만의 대화 시간을 늘려보기 바란다. 그렇게 둘만의 대화를 자꾸 하다보면 자연스럽게 말하는 기술도 터득하게 된다.

영어회화를 배울 때도 마찬가지이다. 사람이 많은 수업은 한 사람이 말할 수 있는 시간이 짧기 때문에 별로 도움이 되지 않는다. 시간과 돈만 낭비하는 꼴이 된다. 외국인과 1대1로 회화 연습을 해야 영어실력이 크게 는다.

아무튼 다른 사람과 대화를 할 때는 가능하면 두 사람이 만나는 상황을 만들도록 하라. 하다못해 화장실이 됐든 흡연실이 됐든 두 사람만이 대화할 수 있는 상황을 자주 만들어 상대와 말을 많이 할수록 말하는 기술이 는다.

란체스카 귀노 *Francesca Gino*, 미국 노스캐롤라이나 대학 교수

The Impact of Information from Similar
or Different Advisors on Judgment

말과 마음의 법칙 **44**

충고와 행동 판단 :
누구의 충고가 효과적인가?

이번 연구는 누가 어떤 충고를 하느냐가 자신의 판단에 어떻게 영향을 미치는지를 알아보기 위한 것이다. 연구에서는 두 가지 경우를 설정했는데, 하나는 다른 사람의 행동을 판단할 때 충고를 활용하는 방식이고, 다른 하나는 바로 자신의 행동을 판단할 때 충고를 활용하는 방식이다. **그 결과 다른 사람의 행동을 판단할 때는 자신과 공통점이 적은 사람이 전해주는 충고에 더 의존하는 경우가 많았던 반면, 자기 자신의 행동을 판단할 때는 자신과 공통점이 많은 사람이 주는 충고에 더 의존하는 경향을 보였다.**

<조직 행동과 의사결정 프로세스 *Organizational Behavior and Human Decision*

Processes> (2009) 중에서

상대와의
공통점을 찾으라

사람의 마음을 움직이는 확률이 높은 경우는 설득하려는 사람과 설득당하는 사람이 비슷한 경우이다. 즉 상대와 공통점을 많이 가지고 있을수록 설득이 더욱 잘 된다. 예를 들어 남성의 경우는 같은 남성에게 말할 때가 여성에게 말할 때보다 설득하기가 더 쉽다. 또한 나이 차이가 적을수록 더 쉽다. 50대라면 그보다 젊은 사람보다는 같은 연령대의 사람과 이야기하는 것이 더 편한 게 당연하다.

미국 노스캐롤라이나 대학의 프란체스카 귀노Francesca Gino 교수는 성별·연령·학력·취미 등에서 상대와 공통점이 많을수록 그렇지 않은 상대보다도 설득하기가 더 용이하다고 주장한다. 귀노 박사에 따르면 "이렇게 해보면 어때?"라고 충고를 할 때 상대와 공통점이 많은 사람이 그런 충고를 하면 "알았어요. 그렇게 해볼게요."라고 쉽게 받아들이는 반면, 자신과 다른 타입의 사람에 대해서는 그 의견을 완전히 무시한다는 것이다.

따라서 만약 자신과 완전히 다른 사람을 설득해야 할 때는 설득 상대와 공통점을 많이 가진 사람에게 부탁하는 것도 한 방법이다. 자신이 해서 잘 될 것 같지 않을 때 다른 사람에게 부탁하는 것은 좋은 요령이다. 예를 들어 만약 자녀가 부모의 말을 잘 듣지 않는다면 자녀의 학교 친구에게 부탁하면 도움이 된다. "맨날 방에만 처박혀 있지 말고 나가서 좀 놀아!"라고 부모가 잔소리 하는 것보다 자녀의 친구에게 함께 나가 놀 것을 부탁하면 아이도 이를 좀 더 쉽게 받아들일 것이다.

나는 설득학을 전공한 심리학자이기 때문에 다른 사람들보다는 설득을 더 잘할 자신이 있지만, 그렇다고 해서 모든 사람을 다 설득할 수 있다고는 생각하지 않는다. 내가 설득할 수 있는 사람은 어디까지나 나 자신과 비슷한 사람에게 한정된다. 나와 전혀 타입이 다른 사람까지 설득할 수 있는 것은 아니다.

한편 상대가 자신과 완전히 다른 타입으로 보인다고 해도 잘 찾아보면 한두 가지 공통점은 반드시 있기 마련이다. 따라서 그런 공통점을 찾아서 강조하다 보면 설득하기가 훨씬 수월해진다.

"으응? 나하고 고향이 같네요?", "당신 아버지처럼 우리 아버지도 골프를 좋아해요.", "우연이네요. 나도 10월생인데……." 등등 공통점을 찾아 얘기하다 보면 심리적 거리가 크게 줄어든다. 그렇게 되면 대화도 이전보다 더 매끄럽게 진행될 수 있다.

글렌 하스 *Glen Hass*, 미국 뉴욕 시립대학 교수

Anticipatory Belief Change:
Persuasion or Impression Management?

사전 예고의 효과

우리는 대학생 56명을 대상으로 네 가지 조건 아래에서 어떤 태도의 변화가 일어나는지를 알아보는 실험을 했다. 첫 번째 조건에서는, 참가자들에게 곧 나쁜 소식을 듣게 될 것이라고 미리 알려주었다. 두 번째 조건에서는, 나쁜 소식이 있는데 경우에 따라서는 그 내용을 알지 못할 수도 있다고 했다. 세 번째 조건에서는, 나쁜 소식이 있지만 그 내용은 결코 알 수 없을 것이라고 했다. 네 번째 조건에서는 사전에 아무런 언질을 주지 않은 채 나쁜 소식을 들려주었다. 그 결과 첫째 조건과 네 번째 조건에서 가장 큰 차이가 나타났다. 즉 첫 번째 조건에서는 학생들이 나쁜 소식을 듣고 나서도 처음과 태도의 변화가 거의 없었지만, 네 번째 조건에서는 나쁜 소식을 듣고 난 뒤에 학생들의 태도에 큰 변화가 일어났다. **따라서 사전에 나쁜 소식의 내용을 알려주지 않는 것은 받아들이는 사람에게 큰 충격을 줄 수 있다는 것을 확인할 수 있다.**

<성격 및 사회심리학 저널 *Journal of Personality and Social Psychology*> (1976) 중에서

나쁜 정보는
미리 마음의 준비를 시키자

약속을 잡을 때 내가 반드시 염두에 두는 것이 있다. 그것은 "혹시 늦을지도 모르겠습니다."라고 미리 알리는 것이다.

"미안합니다만 다른 용건 때문에 혹시 5분 정도 늦을지도 모르겠습니다."라고 미리 말해두면 약속 시간에 조금 늦더라도 상대의 기분이 상하지 않을 수 있기 때문이다.

고객에게 어떤 의뢰를 받을 때도 "전력을 다해보겠습니다만, 그 조건으로 된다고 보장할 수는 없습니다."라고 해두면 나중에 비용이 추가되거나 기한을 넘기더라도 상대가 미리 마음의 준비를 해두고 있기 때문에 불쾌하게 여기지 않게 된다.

물론 미리 그렇게 말하면 상대가 낙담할 수도 있지만 길게 보면 그런 식으로 처리하는 것이 서로에게 좋다. 확실하게 결정이 나지 않은 상태에서는, 나중에 느닷없이 부정적인 결과를 통보하는 것보다 미리 마음의 준비를 시키는 것도 나쁘지 않다.

예를 들어 "죄송하지만, 약속 시간에 좀 늦을지도 모르겠습니다."라고 말해놓지 않은 상태에서 갑자기 일이 생겨 늦어지게 되면 상대는 화가 날 것이다.

"예산이 1천만 원을 넘을지도 모르겠습니다."라고 미리 말해두면 상대도 "그렇다면 예산을 좀 더 여유 있게 준비해 놓아야하겠군."이라고 마음의 준비를 하게 된다.

나중에 정말로 예산이 1천만 원으로 결정났다고 통보하게 되더라도 상대는 준비한 상태이기 때문에 "아, 괜찮아요."라고 여유 있게 대응하게 될 것이다.

뉴욕 시립대학의 글렌 하스R. Glen Hass 교수는 미리 예고를 해두면 상대도 마음의 준비를 한다는 것을 실험을 통해 확인했다. 갑작스럽게 어떤 정보나 사실을 통보하는 것보다 사전에 조금이라도 언질을 해두면 좋다는 것이다.

사람은 누구나 나쁜 정보를 기피한다. 따라서 돌연 나쁜 정보를 접하게 되면 누구나 당황하고 기분이 나빠지게 마련이다.

예를 들어 갑자기 회사가 도산했다고 알리기보다는 "우리도 위험해."라는 이야기를 몇 개월 전부터 사람들에게 알리는 것이 직원들의 동요를 조금이라도 줄일 수 있다. 회사가 도산될 수도 있다는 각오를 미리 할 수 있기 때문이다.

자레트 쿼한_Jared R. Curhan_, 미국 매사추세츠 공과 대학 교수

Thin Slices of Negotiation: Predicting Outcomes
From Conversational Dynamics Within the First 5 Minutes

말과 마음의 법칙 **46**

처음 5분간의 대화가
협상 결과에 미치는 영향

이번 연구는 협상 테이블에 앉은 두 사람이 나누는 처음 5분 동안의 대화가
협상 결과에 어떤 영향을 미치는지를 살펴보기 위한 것이다. 피시험자들을
두 팀으로 나눠, 고용자와 피고용자 신분으로 채용과 관련된 협상을 벌이도
록 했다. 그 결과 처음 5분 동안 얼마나 다이내믹하게 대화를 이끌어가느냐
에 따라 결과의 차이가 30%까지 난다는 사실을 확인할 수 있었다. 다이내
믹한 대화란 이야기를 주고받는 횟수가 잦고, 목소리의 높낮이나 억양에 고
저장단의 운율이 있으며, 화제가 다양하다는 것을 뜻한다.

<미국 응용심리학지 _Journal of Applied Psychology_> (2007) 중에서

혼자서
많은 말을 하지 말라

대화를 하는 것은 캐치볼을 하는 것과 비슷하다. 두 사람이 공을 주고받듯이 말을 주고받는다는 의미에서 그렇다. 캐치볼은 두 사람이 매끄럽게 공을 던지고 받는 것이 중요하다. 한 사람이 계속 볼을 받기만 한다면 그 사람은 금방 지루해질 것이다. 그리고 공이 제대로 오지 않고 엉뚱한 방향으로 계속 날아간다면 공을 줍고 다니느라 맥이 빠질 것이다.

대화도 마찬가지이다. 혼자서 열심히 떠들면 듣는 사람은 지겨워진다. 대화는 독주회가 아니기 때문에 혼자서 발언권을 독점해서는 안 된다.

특히 술에 취한 사람은 상대의 기분 따위는 개의치 않고 혼자서만 떠드는 경우가 많다. 듣는 사람은 같은 말을 듣는 게 지긋지긋한데도 그런 상대의 입장은 아랑곳하지 않는 것이다. 듣는 사람에게는 지옥이 따로 없다고 하겠다.

대화를 할 때 가장 염두에 둬야 할 점은 적절한 타이밍에 상대에게 발언권을 넘기는 것이다. 공을 주고받듯이 서로 왔다갔다하면서 이야기할 수 있는 분위기를 조성하는 것이 중요하다.

미국 MIT의 자레트 쿼한Jared R. Curhan 교수는 협상이 잘 되느냐못 되느냐는 처음 5분 사이에 결정된다고 말한다. 그는 학생들을 둘씩 짝을 지어(남자는 남자, 여자는 여자끼리) 한 사람은 매니저역을 맡기고 다른 사람은 부사장 역을 맡긴 뒤 급여와 보너스, 휴가 일수 등에 관해 협상하도록 했다. 그러자 처음 5분 동안 대화가 얼마나 매끄럽게 진행되느냐에 따라 협상의 성공과 실패가 좌우되었다는 것을 확인할 수 있었다.

자레트 쿼한 교수에 따르면, 협상이 잘 진행되면 두 사람의 대화가 마치 탁구공을 주고받듯 아주 자연스럽게 맞아들어간다고했다. 그래서 처음 5분간의 대화를 지켜본 다음 '아, 이 팀은 좋은결과가 나오겠구나.'라고 예상하면 어김없이 맞춘다고 했다. 반대로 협상 결과가 좋지 않은 팀은 어느 한쪽이 일방적으로 말을하는 경우였는데, 한 사람이 떠드는 동안 듣는 사람은 대체로 초조하고 안절부절 못하는 모습을 보였다.

"나는 말하는 데 자신 있어."라고 자부하는 사람일수록 혼자서 말을 많이 함으로써 상대의 기분을 잡치는 경우가 많다.

잡지 기자들 중에는 만나자마자 "우선 이번 기획의 취지를 말씀드리겠습니다."라면서 5분 이상 떠드는 사람이 있다. 나를 취재하려면 내가 말을 많이 하도록 해야 하는데도 그런 점들을 간과한 것이다.

우리는 자기 말을 우선적으로 하려는 경향이 있다. 따라서 대화할 때는 의식적으로라도 잘 경청하고 듣는 사람의 입장이 되어 보려고 해야 대화의 균형이 잡힐 수 있다.

자레트 쿼한 Jared R. Curhan, **미국 매사추세츠 공과 대학 교수**

Dynamic Valuation: Preference Changes in the Context
of Face-to-face Negotiation

말과 마음의 법칙 47

협상에도 예열이 필요하다

이번 실험은 얼굴을 맞대고 벌이는 협상에서 어떤 요인이 상대에 대한 호감도를 높이는지를 알아보기 위한 것이다. 참가자들에게 은행대출담당자 역할과 은행에서 돈을 빌리려는 학생 역할로 나누어 협상을 하도록 했다. **실험결과 협상에 들어가기 전에 먼저 편안하게 사적인 이야기를 나누도록 한 팀이 그렇지 않은 경우보다 협상을 타결하는 확률이 훨씬 높게 나타났다.**

<실험사회심리학 저널 *Journal of Experimental Social Psychology*> (2004) 중에서

협상 전에 분위기를
부드럽게 만들어라

상담이나 협상이 얼마나 순조롭게 진행되느냐 하는 것은 협상 전에 사적으로 주고받는 사사로운 이야기, 잡담 등에 따라 결정되는 경우가 많다. 차를 한 잔 앞에 놓고서 편하게 이런저런 세상 이야기를 하거나, 재미있는 경험담이나 농담을 늘어놓다 보면 상대로 하여금 '아, 이 사람 재미있고 좋은 사람이구나.'라는 인상을 주게 되고, 그러면 본론에 들어가서도 훨씬 협상이 부드럽게 진행되는 것이다.

처음부터 딱딱하게 굳어서 자기소개도 대충 하는 둥 마는 둥 하면서 바로 본론에 들어가면 상대도 바짝 긴장하고 경계를 늦추지 않게 되어 협상도 꼬이는 수가 많다.

미국 MIT의 자레트 쿼한Jared R. Curhan 교수는 164명의 대학생을 4개 조로 2개의 팀을 만들어, 각각 은행 대출담당 역할과 은행에서 돈을 빌리는 역할을 주어 실험을 했다. 이들은 서로 협상을 통해 대출금액, 상환기간, 대출이율 등을 결정해야 했다. 또한 두 팀 중 한 팀에게는 곧장 협상에 들어가도록 했고, 다른 팀에게는 협상 전에 잡담하는 시간을 갖도록 했다.

그 결과 협상에 바로 들어간 팀은 타결된 비율이 5.9%에 불과했지만, 사전에 개인적인 시간을 갖도록 한 팀은 타결률이 39.3%에 달했다. 협상이나 상담을 하기 전에 인간적으로 감정의 교류를 하는 것이 얼마나 결과에 큰 영향을 미치는 지를 알 수 있다.

협상에 들어가기 전에 농담이나 잡담, 세상 돌아가는 이야기를 나누는 것은 협상을 성공으로 이끄는 윤활유임에 틀림없다. 그런 것이 없으면 협상은 삐걱대면서 마찰을 일으킬 위험이 상대적으로 높은 것이다.

'그런 잡담 시간은 낭비에 불과해.'라거나 '비즈니스 이외의 이야기를 나누는 것은 무의미해.'라고 생각하는 사람은 협상이나 상담에 서툰 사람들이다. 그런 시간은 낭비도 아니고 의미가 없는 것도 아니다. 오히려 협상을 매끄럽게 흘러가게 해서 시간도 줄이고, 타결이 될 확률도 높이기 때문에 일석이조라고 할 수 있다.

아이들 학교 이야기도 좋고, 마누라 흉보는 것도 좋고, 새벽에 본 잉글랜드 프리미어 축구이야기도 좋고, 지난 주말에 친 골프 성적을 가지고 화제로 삼아도 좋다. 상대가 흥미를 끌 만한 주제를 잡아 상대를 편하게 잡담에 끌어들일 수 있다면 그날의 협상은 이미 절반은 성공한 것이나 다름없다.

아이모 프리쉐 *Immo Fritsche*, **독일 프리드리히 쉴러 대학 교수**

The Role of Control Motivation in Mortality Salience Effects on Ingroup Support and Defense

말과 마음의 법칙 48

위기는 기회다

'공포관리이론(Terror Management Theory)'에 따르면 인간이 죽음에 직면하게 되면 기존의 도덕 및 규범, 그리고 자신이 속한 조직에 대한 소속감을 한층 강하게 느끼게 된다고 한다. 우리는 이 개념을 확장해 죽음과 같은 극단적인 위기 상황이 조직의 결속력과 통제력에도 영향을 미치는지를 조사했다. **그 결과 조직에 닥친 위기감이 커질수록 자신이 속한 조직의 문화와 규범을 지키려는 의지가 높아지고, 위로부터의 통제도 기꺼이 받아들이려는 태도를 보인다는 사실을 알 수 있었다.**

<성격 및 사회심리학 저널 *Journal of Personality and Social Psychology*> (2008) **중에서**

의도적으로
위기의식을 조성하라

보통 외부에서 위기 상황이 발생하면 내부 결속력이 더욱 강화되는 경향이 있다. 따라서 가끔은 의도적으로 위기를 만들어내는 것도 나쁘지 않은 전략이다.

예를 들어 당신이 회사 상사이고, 부하직원들이 요즘 뿔뿔이 흩어져 모래알 같은 모습을 보인다면 조직력을 높이기 위해 위기가 닥쳤다고 알리면 도움이 된다.

"솔직히 말해 우리 지점들의 실적이 요즘 아주 저조해졌다. 이대로 가다가는 내년에는 아주 심각한 상황이 올 수 있다.", "이런식으로 계속 가면 앞으로 3개월 뒤에는 급여를 줄 수가 없다."는 식으로 말하면 직원들의 위기의식이 높아진다.

독일 프리드리히 쉴러 대학의 아이모 프리쉐Immo Fritsche 교수에 따르면 위협을 느끼는 사람일수록 그 위협을 피하려는 행위를 필사적으로 하게 된다고 한다.

눈앞에 위기가 닥치면 내부적으로는 이전보다 더욱 일치단결하게 된다는 것이다.

우리 인간은 위기가 코 앞에 닥치지 않으면 단결하려는 필요성을 별로 느끼지 않는 심리적인 특성을 가지고 있다. 반대로 위기를 피하기 위해서라면 기꺼이 행동에 나선다. 따라서 위기의식은 조직으로 하여금 행동을 유발하는 원동력이 될 수 있다.

부하직원들에게 위기의식을 조장한 다음 "이를 타파하기 위해서 모두들 행동에 나섭시다."라면서 방향을 잡아나가면 부하직원들도 자발적으로 따라오게 된다.

그런데 일부러 위기 상황을 부추겨 놓고 그것을 해결하기 위한 아무런 목표도 보여주지 않는다면, 부하직원들이 패닉 상태에 빠져 진짜 위기가 닥칠지 모르니 유의해야 한다.

부유하고 돈에 구애받지 않는 가정보다, 가난해서 살아남기 위해 필사적으로 생활을 꾸려가는 가정이 서로 간에 화목하고 집안 분위기도 더 좋은 법이다. '모두 열심히 해서 살아보자.'는 강한 동기가 있기 때문에 아이들도 부모가 말하는 것을 잘 따르게 된다.

가난하다는 것은 그 자체로는 그다지 좋은 일은 아니지만, 가족들의 결속력과 유대를 높이거나 부모의 권위를 높이는 데는 도움이 된다. 이것은 가정뿐 아니라 회사나 사회, 국가 전체로도 적용할 수 있는 이야기이다.

로렌즈 라몬트 Lawrence M. Lamont, **미국 워싱턴 대학 교수**

Identifying Successful Industrial Salesmen
by Personality and Personal Characteristics

말과 마음의 법칙 49

유연한 대응 → 성공의 길

세일즈맨의 개성과 성격이 판매 실적에 미치는 영향에 대해서는 많은 연구
가 있어왔지만, 그 관계를 명쾌하게 규명하는 데 성공한 경우는 거의 없었다.
이번 연구에서는 경험론적인 접근방식을 통해 둘의 관계를 살펴보았다. 다
채로운 개성과 캐릭터를 가진 영업자들을 대상으로 조사한 것이다. **그 결과
다양한 상황에서 유연하게 대처할 수 있는 개성과 캐릭터를 가질수록 결과
도 성공적이라는 점을 확인할 수 있었다.**

<마케팅 연구 저널 *Journal of Marketing Research*> (1977) **중에서**

유연하게 응대하라

아무리 존칭을 쓰더라도 상황에 맞지 않으면 이상해진다. 예컨대 가게를 찾은 어린 아이에게 "손님, 이 제품을 써 보시는게 어떻겠습니까?"라고 권유한다면 어색하기 그지없을 것이다.

이럴 때는 그냥 "애야? 어떤 걸 찾고 있니?"라며 다정하게 말을 거는 것이 더 낫다. 그것은 결코 아이를 무시하는 것도 아니고, 고객 접대법에 어긋나는 것도 아니다. 오히려 어린 손님을 친밀하게 대하는 좋은 방법이라고 볼 수 있다.

동네에 있는 채소가게나 생선가게 주인이 "손님, 오늘 입하된 좋은 상품이 있습니다. 한번 보시겠습니까?"라고 한다면 손님 입장에서도 어색하고 맥이 빠져버릴 것이다.

이럴 때는 "부인, 배추가 싸게 들어왔는데 김치 담가 보구려."라든가 "고등어가 아주 싱싱해요. 구워 드시면 아주 맛있어요."라는 식으로 응대하는 것이 더 자연스러울 것이다. 이처럼 상황과 상대에 맞게 유연하게 말하는 것이 중요하다.

미국 워싱턴 대학의 로렌스 라몬트Lawrence M. Lamont 교수는 144명의 영업사원을 조사한 결과 유연하게 응대하는 사원일수록 고객으로부터 주문을 더 많이 받는다는 사실을 확인했다.

상대에 맞춰 유연하게 응대하는 것이 세일즈의 기본이라는 증거이다. 누구를 만나도 항상 같은 식으로밖에 말할 줄 모른다면 다양한 고객들의 마음을 잡을 수가 없다.

맥도널드의 고객 접대방식은 완전히 매뉴얼화되어 있어 어떤 고객에 대해서도 획일적이고, 균일한 말투를 쓴다. 전 세계적인 체인망을 가지고 있고 항상 똑같은 패스트푸드 음식을 제공하기 때문에 그런 방식을 채택하고 있을 것이다. 그러나 이런 방식은 맥도널드에는 통할지 모르지만 대부분의 경우에는 바람직하지 않다.

당신이 맥도널드에서 식사를 했을 때 당신을 접대한 점원의 얼굴을 기억해 낼 수 있겠는가. 특별한 경우가 아니면 어려울 것이다. 이처럼 획일적인 접대를 받으면 기억에 잘 남지 않는다.

따라서 자신을 고객의 뇌리에 확실하게 각인시키고 싶다면, 보다 특징적이고 개성적으로 응대하고 말하지 않으면 안 된다. 상대에 따라 말하는 법을 바꾸고 유연하게 대처하는 법을 익히면 어떤 상대를 만나더라도 실수 없이 대처할 수 있다.

존 고덱 *John Godek*, 미국 오레곤 주립 대학 교수

Willingness to Pay for Advice:
The Role of Rational and Experiential Processing

말과 마음의 법칙 50

이성적인 조언의 효과

살아가면서 우리는 어떤 결정을 내리기 위해 주변을 조언을 필요로 하게 된다. 심리학에서는 사람들이 조언을 받을 때, 어떤 방식으로 받아들이고 그것을 어떻게 활용하는지에 대한 연구가 오래전부터 있어 왔다. 그러나 그런 조언을 받아들이는 당사자들의 심리 저변에 대해서는 거의 알려지지 않았다. 이번 연구에서 우리는 상대에게 조언을 할 때 어떤 식으로 조언하느냐에 따라 상대의 결정이 어떻게 달라질 수 있는지를 실험을 통해 알아보았다. 그 결과 이성적으로 조언하는 것이 경험적으로 조언하는 경우보다 상대가 조언을 훨씬 잘 받아들인다는 사실을 알게 되었다. 또한 조언을 받는 사람이 자신의 의사결정에 필요한 배경 지식을 얼마나 많이 가지고 있느냐도 결정에 영향을 미친다는 점을 알 수 있었다.

<조직 행동과 의사결정 프로세스 *Organizational Behavior and Human Decision Processes*> (2008) 중에서

질문이 대답을
결정한다

"누구나 상대의 의견이나 판단을 자신이 의도하는 대로 조종할 수가 있다."라고 말하면 "그게 정말이에요?"라고 되묻는 사람들이 많다. 하지만 사실이다.

어떻게 그것이 가능할까? 그것은 바로 질문을 어떻게 하느냐에 달려 있다. 즉 질문의 구성을 어떻게 하느냐에 따라 상대의 의견이나 판단을 바꿀 수가 있다.

단순한 예로는 이런 것이 있다. 상대가 감정적인 판단을 하도록 유도하고 싶을 때는 '좋다/싫다' 같은 감정이 담긴 답을 내도록 질문을 던지는 것이 좋다. 예컨대 "이 상품의 어디가 좋습니까?"라든가, "디자인이 아주 참신하다고 생각하지 않습니까?"라고 물으면 상대는 자기의 감정을 담아 대답할 수밖에 없다.

반대로 이성적인 판단을 하도록 하고 싶을 때는 "가장 올바른 선택을 한다면 어느 상품을 첫손가락에 꼽겠습니까?" 혹은 "냉정하게 가격만으로 비교한다면 어느 것이 최고입니까?"라는 식으로 물으면 원하는 방향의 답을 끌어낼 수 있다.

결국 질문이 어떠냐에 따라 상대의 반응이 결정되는 것이다.

미국 오레곤 주립대학의 존 고덱John Godek 교수는 상대가 합리적인 판단을 하도록 유도하고 싶으면 누구라도 그렇게 할 수 있다는 결과를 실험을 통해 확인했다.

우리는 감정에 대해서 질문을 받으면 감정적인 의견을 내고, 합리적인 판단에 대해서 질문을 받으면 냉정하고 이성적인 의견을 내놓는다. 당연하다면 당연하다고 할 수 있을지 모르지만, 의외로 이 당연한 사실을 잘 모르는 사람이 많다.

"요즘 젊은이들은 좋다 혹은 싫다 같은 감정적인 표현만 할 뿐 논리적으로 말할 줄을 모른다."고 불평하는 회사 간부들이 있다. 하지만 그건 젊은이들 탓이 아니다.

그들은 회의석상에서 젊은 사원들에게 "자, 여러분. 뭐라도 좋으니 생각나는 대로 의견을 말해보세요."라고 말한다. 그렇게 주문하기 때문에 대답하는 사람도 자신의 감정을 담은 의견밖에 내놓지 못하는 것이다. 논리적인 의견을 원한다면 이렇게 주문해야 한다. "여러분의 느낌이나 감정이 아니라 근거를 가지고 의견을 말해보세요."

상대로부터 어떤 의견을 끌어내느냐 하는 것은 질문의 형태에 따라 결정된다는 것을 잊지 말기 바란다.

샌퍼드 데보*Sanford E. DeVoe*, 캐나다 토론토 대학 교수

Hourly Payment and Volunteering: The Effect
of Organizational Practices on Decisions about Time Use

말과 마음의 법칙 51

급료 지급 방식과
시간 활용 방식의 상관성

어떤 사람이 시간을 활용하는 방식과 급료를 받는 방식 사이에는 어떤 관계가 있을까? **연구 결과 사람들은 월 단위로 봉급을 받는지, 주 단위로 받는지, 일급으로 받는지, 시급으로 받는지에 따라 일상생활에서 시간을 할애하고 활용하는 방식에도 차이가 있다는 것을 알게 되었다.** 예를 들어 시급으로 급료를 받는 사람들은 그렇지 않은 사람에 비해 보수가 따르지 않는 일, 즉 자원봉사 같은 일에 자기 시간을 쓰는 것을 매우 꺼려했다. 이들은 한 시간마다 급료가 측정되기 때문에 월급이나 주급을 받는 사람에 비해 시간을 돈으로 환산하는 데 훨씬 예민하게 반응하는 것으로 나타났다.

<경영학회보 *Academy of Management Journal*> (2007) 중에서

돈으로 보답하라

사람의 마음을 움직이려고 할 때 간단하면서도 가장 확실한 방법이 하나 있다. 돈으로 끌어들이기는 것이다. "이것을 해 주면 얼마를 드리겠습니다."라고 약속을 하면 대부분은 이쪽의 의도대로 넘어오기 마련이다.

이렇게 말하면 "사람을 돈으로 매수하라는 이야기야 뭐야?"라며 불쾌하게 생각하는 독자가 있을지도 모르겠다. 사회적 물의를 일으키는 뇌물 사건을 연상시키기 때문에 더욱 그럴 것이다. 하지만 그런 뜻으로 말하는 것이 아니다.

어린 아이들에게 심부름을 시킬 때 용돈을 주면 얼마나 신나게 갔다 오는가. 명절을 맞거나 부모님이나 어른들의 생신이 찾아왔을 때 용돈을 드리면 겉으로는 사양하면서도 만면에 웃음을 피우면서 얼마나 부드럽게 대해 주는가.

"당신은 왜 일하는가?"라고 물으면 거의 대부분 "돈을 벌기 위해서"라고 답할 것이다. "그저 일하는 것이 좋기 때문"이라고 답하는 사람도 일부 있겠지만, 대부분은 돈이 목적이다. 우리는 한 푼이라도 더 벌고 싶은 속물적인 이유 때문에 일을 한다. "난 잔업수당이 없어도 상관없으니까 밤늦게까지 남아서 일을 할 거야."라고 하는 사람은 극히 일부에 지나지 않는다.

캐나다 토론토 대학의 샌퍼드 데보Sanford E. DeVoe 교수가 약 1만 명을 대상으로 실시한 조사에서도 상당수의 사람들이 "나는 돈을 받기 때문에 일을 하며, 돈을 받지 못한다면 어떤 일도 하지 않겠다."고 답했다고 한다.

그렇기 때문에 "돈으로 보답한다."고 하면 많은 사람들이 부탁을 들어주겠다고 나서고, 웬만하면 이쪽의 의도대로 설득이 되는 것이다. 또한 데보 교수의 연구에 따르면 보상은 즉각적일수록 좋았다.

나는 학생시절에 후배에게 귀찮을 일을 시킬 때는 그 자리에서 지갑을 열어 1만 원짜리를 꺼낸 뒤 "여기 있어. 그것 좀 해줘!"라고 부탁했다. 학생 때는 1만 원이면 큰돈이다. 이런 식으로 부탁해서 한 번도 거절당한 적이 없다.

　"나는 절대 사람을 돈으로 움직이고 싶지는 않아."라고 생각하는 사람도 있을 것이다. 물론 나도 사람을 돈으로 매수하라고 권하는 것이 아니다.

　하지만 돈에 약한 것이 사람이기 때문에 잘 새겨 두었다가 결정적으로 필요할 때 써 먹을 수 있다는 말이다. 나는 그런 방식이 반드시 나쁘다고는 생각하지 않는다.

페이스 글레이처 *Faith Gleicher*, 미국 오하이오 주립대학 교수

Expectations of Reassurance Influence the Nature
of Fear-stimulated Attitude Change

말과 마음의 법칙 52

공포심과 설득의 효과

이번 연구는 공감이 설득에 어떤 영향을 미치는지를 알아보기 위한 것이다. 참가자들을 대상으로 실험한 결과 두려움을 약하게 느끼는 상태에서는 상대의 주장이 갖는 논리적 근거에 따라 다른 반응을 보였다. 즉 논거가 강한 주장에 더 설득이 잘 되는 경향을 보였다. **그러나 두려움을 강하게 느끼는 상태에서는 논거가 강한지 약한지에 상관없이 비슷한 비율로 상대의 주장에 설득된다는 것을 알 수 있었다.** 이 경우 공포감과 주장하는 내용이 얼마나 관계되는지에 따라 설득되는 비율이 다르게 나타났다. 즉 공포감이 주제와 밀접하게 연관될수록 더 강하게 설득되는 경향을 보였다.

<*Journal of Experimental Social Psychology*> (1992) **중에서**

공포심을 활용하라

사람은 참 간사한 동물이라는 걸 느낄 때가 많다. 그중 하나가 친절하고 공손하게 대해줄수록 상대가 이쪽을 가볍게 여기고 심지어는 업신여기기까지 한다는 것이다.

단적으로 어린 아이들의 경우 지나치게 '오냐, 오냐' 하면서 모든 응석을 받아주고, 사달라거나 해달라고 하는 것을 모두 들어주면 아이들을 망치게 된다. 자식을 금이야 옥이야 아끼고 싶은 부모의 사랑이 역효과를 내는 꼴인 것이다.

학교생활에서도 요즘 아이들은 선생님 말씀이 통 먹히지 않는다고 한다. 내가 볼 때는 이것은 요즘 교사들이 지나치게 학생들을 부드럽게 대하는 것도 한 요인이다. 과거에는 말그대로 '사랑의 매'가 있어서 아이들이 지나치게 엇나가면 회초리를 들어 바로잡았는데 지금은 아예 매 자체를 들지 못하고 있다. 물론 학생들이 주눅이 들 정도로 '매질'을 하거나, 교사가 매질을 통해 자신의 가학성을 해소하는 식이어서는 당연히 안 된다. 그러나 부드러움과 엄격함을 적절히 사용하면서 학생들을 지도해야 교사의 말이 먹혀들 수 있다는 건 동서고금의 진리가 아닐까 싶다.

　어른의 세계에서도 마찬가지이다. 상사가 부하직원들에게 무작정 부드럽게만 대하면 평소에는 화기애애해서 좋아 보일지 모르지만, 조직력이나 상사의 부하 장악력은 떨어질 가능성이 높다. 그건 어쩔 수 없는 인간의 본성이라고 생각한다. 따라서 상사라면 자신이 가진 인사권이나 징계권 등을 이용해서 가끔은 두려움이랄까 공포심을 심어줄 필요가 있다. 그래야 상사가 지시하는 사항도 그 때 그 때 이행되고, 부하직원들 사이에 긴장감도 생기면서 조직이 탄탄해지게 된다.

　미국 오하이오 주립대학의 페이스 글레이처Faith Gleicher 교수는 공포심이 너무 없어도 조직이 흐트러진다는 걸 실험적으로 보여주었다. 일을 잘못 처리하거나, 게으름을 피우거나 할 때 적절한 벌을 내려야 조직이 제대로 굴러간다는 것이다.
　부드러운 목소리로 말을 해도 상대가 잘 들어준다면 더할 나위 없이 바람직할 것이다. 하지만 현실은 그렇지 않다. 가끔은 무서운 얼굴을 하고 꾸짖을 수 있어야 자신의 말이 더 위력을 갖게 된다는 점을 잊지 말자.

말하기의 기본은 90프로가 심리학이다

초판 1쇄 인쇄일 2022년 10월 4일 ● 초판 1쇄 발행일 2022년 10월 11일

지은이 나이토 요시히토 ● 옮긴이 이종렬

펴낸곳 도서출판 예문 ● 펴낸이 이주현

기획총괄 정도준 ● 편집고문 윤희기 ● 디자인 넥스트씨

등록번호 제307-2009-48호 ● 등록일 1995년 3월 22일 ● 전화 02-765-2306

팩스 02-765-9306 ● 홈페이지 www.yemun.co.kr

주소 서울시 강북구 도봉로37길 28, 3층

ISBN 978-89-5659-456-9   13320